知识产权风险管理

刘旭明　王晋刚　著

全国百佳图书出版单位

图书在版编目（CIP）数据

知识产权风险管理/ 刘旭明，王晋刚著.
—北京：知识产权出版社，2013.11
ISBN 978-7-5130-2438-9

Ⅰ.①知… Ⅱ.①刘… ②王… Ⅲ.①知识产权—风险管理
Ⅳ.①D913.04

中国版本图书馆CIP数据核字(2013)第272874号

内容提要

随着科学技术、经济的发展，决定企业竞争力的主要因素已经不再是规模的大小或资金的多寡，更多的是企业所拥有的知识产权，知识产权也就成为企业经营管理中的重要风险，纳入了风险管理的范畴。

本书从知识产权分类角度列举出企业知识产权管理过程中存在的各种风险，对专利风险、商标风险、商业秘密风险、著作权风险作了一一列举和剖析。同时，对知识产权风险管理的原则、流程、体系等重要理论问题进行了一定程度的探讨。

责任编辑： 龙 文 崔 玲　　　　**责任校对：** 韩秀天
特约编辑： 周贺微　　　　　　　**责任出版：** 刘译文

知识产权风险管理
Zhishichanquan Fengxian Guanli

刘旭明　王晋刚　著

出版发行：**知识产权出版社**有限责任公司	网　　址：http://www.ipph.cn
社　　址：北京市海淀区马甸南村1号	邮　　编：100088
责编电话：010-82000860转8123	责编邮箱：longwen@cnipr.com
发行电话：010-82000860转8101/8102	发行传真：010-82005070/82000893
印　　刷：北京科信印刷有限公司	经　　销：各大网络书店、新华书店及相关专业书店
开　　本：720mm×960mm　1/16	印　　张：12.25
版　　次：2014年7月第1版	印　　次：2014年7月第1次印刷
字　　数：215千字	定　　价：39.00元

ISBN 978-7-5130-2438-9

管理风险，驱动创新（代序）

知识产权制度是从西方引进的创新制度安排，大部分国内企业还没有完全适应知识产权的水温，对知识产权规则的理解和掌握不甚到位。所以说，在很大程度上，知识产权对我国企业而言，风险大于机遇和收益。

知识产权是什么？个人认为，知识产权的本质特征是激励竞争，甚至是保护垄断。恰恰是知识产权制度具有激励竞争、保护垄断的本质特征，它才客观上起到鼓励创新的作用，而且这种作用是十分巨大的。美国经济在立国二百多年就发展到今天的水平，与其完善的知识产权制度，特别是强大的专利制度有很大关系。

我国经济在转型，需要创新驱动，需要创新制度和一整套的创新机制。知识产权制度，特别是专利制度是经过历史经验证明的最好的创新制度，是最完善的创新驱动机制。但是，在国家眼中，知识产权是促进创新的机制；在企业家眼中，知识产权就成了竞争的策略手段；在某些不良商家眼中，知识产权更退化成限制竞争、获得高额利润的垄断工具。于是企业的经营管理中就出现了各种各样的知识产权风险。这需要国家管理部门的不断平衡，但企业也要学会管理自己的知识产权风险，适应知识产权竞争规则。

我国是知识产权大国。2012年国内专利申请205.1万件，其中发明专利申请65.3万件，发明专利授权21.7万件，已成为世界第一专利申请大国。商标也是一样，多年前就已经是世界第一。古人讲"操刀必割"，外国人也讲：如果手里拿着锤子，眼中就满是钉子。故此知识产权争端的不断增加是不可避免的事实。在制度不够完善，企业对知识产权不够了解的环境下，知识产权风险的不断增加也是不争的事实。

我国还是知识产权弱国，在跨国的知识产权对抗中屡屡吃亏就是明证。海外知识产权风险是华为这样的创新企业开拓全球主流市场——欧美市场要面对的主要风险。在国内，跨国公司也储备了大量的专利，威胁着我国企业的生产和创新。这些风险也要进行系统的预警和管理。

　　当然，企业面临的知识产权风险不限于"保护"环节，在知识产权创造、知识产权管理、知识产权应用各个环节都存在大大小小的风险因素。现在国际上认可的和近几年国内推广的是"全面的风险管理"，也就是系统地辨别、分析、管理应对所有的风险因素，减少风险，进一步变风险为机遇，促进企业的盈利增长和健康持续发展。本书依据国际和国内标准的规则，列举了很多案例，用生动形象的语言，对我国企业可能遇到的知识产权风险进行了全面的挖掘、扫描、分析，并给出了详细的应对策略。

　　希望有机会就这一主题做进一步深入研究，为我国创新机制的完善，为企业知识产权风险管理制度的建立，为企业知识产权管理能力的全面提升做更多工作。

目录

第四章
商标风险管理

第五章
商业秘密风险管理

第六章
著作权风险管理

第七章
知识产权风险管理经验

第一章

绪论

一、风险管理

所有类型和规模的企业都面临内部和外部因素的影响，使得它不能确定是否或者何时实现其目标。这种对企业的目标影响的不确定性就是风险。

企业的所有活动都涉及<u>风险</u>。企业通过识别、分析、评价风险以及处理风险，以满足自己的风险承受标准。可以说所有企业在某种程度上都在管理风险，但是将风险管理与现代管理相结合却是近几十年的事。

现代风险管理的概念和实践起源于20世纪50年代。开始主要运用于保险金融领域，后逐渐向所有行业扩张。在20世纪90年代初，随着外资企业进入中国市场的需求进入中国，近几年随着国有企业资产权利的需求在中国大型企业中开始受到重视。

知识产权风险涉及法律风险、市场风险、信用风险等多个类别。

2009年，名为《风险管理 原则和指引》的国际标准发布，代表着国际风险管理走向标准化。2009年12月，在国际标准的基础上，国家标准化管理委员会发布了GB/TY24353—2009号标准，名为《风险管理原则和实施指南》。陆续发布的相关国家标准还有：《风险管理 术语》（GB/TY23694—2009），《企业法律风险管理指南》（GB/T27914—2011），《风险管理 风险评估技术》（GB/T27921—2011）等。

2006年6月，国资委颁发了《中央企业全面风险管理指引》以进一步加强和完善国有资产监管工作，深化国有企业改革，加强风险管理，促进企业持续、稳定、健康发展。在国资委的推动下，央企基本上都建立

风险就是某一时间发生的概率及其后果的组合。

——《风险管理 术语》（GB/TY23694—2009）

了风险管理机制。同年，工商联发布了《关于指导民营企业加强危机管理工作的若干意见》，给民营企业风险管理提出了建议。这使得很多大型民营企业对风险管理也有了一定的认识。可见，将风险管理引入知识产权管理，是有相当的理论、实践以及管理机制的基础的。

国际上流行两种风险管理学说，一种是纯粹风险说，另一种是全部风险说。美国等国家流行纯粹风险说，将企业风险管理的对象放在企业纯粹风险（只有损失机会而无获利可能的风险）的管理上，将风险的转嫁与保险密切联系。从一定程度上说，该学说是保险型风险管理的理论基础。德国和英国等国家则采全部风险说，将企业风险管理的对象设定为企业的全部风险，包括了企业的纯粹风险和投机风险，也就是既可能产生收益也可能造成损失的风险。该学说认为，企业的风险管理不仅要把纯粹风险的不利性减小到最小，也要把投机风险的收益性达到最大。由于知识产权风险在很大程度上是投机性风险，所以本书采用全部风险说。

> 风险管理就是指导与控制某一组织与风险相关问题的协调活动。风险管理通常包括风险评估、风险处理风险承受和风险沟通。
>
> ——《风险管理　术语》（GB/TY23694—2009）

二、知识产权风险管理

随着科学技术及经济的发展，决定企业竞争力的因素已经不再是规模的大小或资金的多寡，更多地取决于企业所拥有的人才和技术，而企业要想保护技术的安全，最为有效的方法之一就是知识产权的保护。因此，知识产权也成为企业的重要风险，将其纳入风险管理的范畴理所当然。

知识经济时代，知识产权成为很多企业的主要资产形式，知识产权演变成企业间竞争的重要策略性工具，"商标战"、"专利战"成为企业经营活动中常见的经济行为，被视为垄断、遏制、合纵连横的合法工具。市场的全球化进一步放大了知识产权作为竞争工具的作用，知识产权尤其是专利成为很多企业"谈虎色变"的风险因素，有效识别和控制知识产权风险是企业可持续发展的必要保障。

企业随时可能遭遇知识产权风险，这些风险通常来自内部和外部两方面。企业内部风险

知识经济

按照经济合作与发展组织（OECD）的定义，知识经济是指建立在知识和信息的生产、分配和使用之上的经济，是和农业经济、工业经济相对应的一个概念。知识经济的主要特征之一就是经济发展以无形资产投入驱动为主，知识、智力、无形资产的投入在经济发展中起决定作用。知识产权是无形资产中最核心、最尖端的部分，所以也成为知识经济时代的核心竞争力。知识经济时代，以知识产权为核心的无形资产大大超过其有形资产。美国上市企业的80%以上资产属于无形资产，高科技企业无形资产甚至可以是有形资产的数倍或数十倍。知识产权资产是这些企业无形资产中最"硬"、最"有形"的资产。

知识产权

知识产权主要包括专利、著作权、商标、商业秘密等。各主要知识产权的主要区别见表1-1。

表1-1 四类知识产权对比表

	专 利	著作权	商 标	商业秘密
保护对象	技术发明和外观设计	文艺作品	商品和服务标志	技术信息和商业信息
保护期	实用新型和外观设计10年，发明专利20年	作者终生及其死亡后50年	10年，经过续展无限延伸	无限期
保护成本	多项收费，成本最高	不登记即没有费用	每项商标注册费1000元	根据保护方式不同而成本不同
法律规范	《专利法》	《著作权法》	《商标法》	《反不正当竞争法》

包括制度不完善风险、人力资源风险、企业管理风险等；企业的外部风险包括企业进行专利申请时可能遇到的风险、市场活动产生的知识产权风险、侵权风险、合作合同引发的风险等。企业的内部知识产权风险和外部知识产权风险往往是同时出现，相互影响的。

知识产权预警一直是中国企业知识产权工作的重要内容，也是政府知识产权工作的主要方向。据报道，截至2012年8月，北京市发放的企业海外知识产权预警和应急救助专项资金已达近2 000万元，共资助电子信息、生物医药、能源环保、先进制造等重点产业领域的44个预警项目。知识产权预警方面的工作解决了企业面临的一些迫切问题，但并没有从根本上解决企业普遍面临的知识产权风险，也没有解决将知识产权风险管理融入企业整体管理机制的问题，更没有实现知识产权风险预防、应对的常态管理。要从根本上解决中国企业面临的难题，必须引入先进的风险管理的理念。

2013年年初，国家知识产权局起草制定的《企业知识产权管理规范》颁布实施。这是我国首部企业知识产权管理国家标准，其目的之一就是系统化地控制企业知识产权管理风险，指导企业策划、实施和运行、评审和改进知识产权管理体系，有效防范知识产权市场风险。该规范为企业知识产权风险管理提供了重要参考。

本书力图在《企业知识产权管理规范》的基础上，具体阐述知识产权风险管理问题，力求将国际流行的风险管理机制与中国企业面临的知识产权管理需求相结合，帮助企业应对知识产权管理工作中突出的风险问题。

三、知识产权风险分类

（一）按照企业价值链分类

美国哈佛商学院著名战略学家迈克尔·波特提出的"价值链分析法"（如图1-1所示），把企业内外价值增加的活动分为基本活动和支持性活动，基本活动涉及企业进料后勤、生产、发货后勤、销售、售后服务；支持性活动涉及企业基础设施（财务、计划等）、人力资源管理、研究与开发、采购等。基本活动和支持性活动构成了企业的价值链。

我们可以根据企业的价值链理论，根据企业研发、生产、销售三个阶段经营活动的不同特点，结合知识产权工作的内容，将企业的知识产权风险分为研发中的知识产权风险、生产制造中的知识产权风险、销售活动中的知识产权风险等。

研发活动是企业推出新产品获取市场竞争优势的基础环节，在研发项目的立项、研发路径的确定、研究成果的保护等不同阶段都会涉及知识产权风险。如果在这个阶段没有进行专利信息的详细检索，就会导致研发成本增加，研发成果侵权等风险，甚至会出现自主开发获得的研发成果不能投入生产制造的风险。本阶段的商业秘密保护风险也很大，商标方面的风险则较小。

企业在生产过程中的风险涉及知识产权的各个方面，包括专利、商标、计算机软件、著作权、商业秘密等。但这一阶段的风险大都处于潜伏状态，一般要在产品销售环节才会集中显示出来。

在产品销售环节，随着产品的面世和各种营销活动的展开，各方面的知识产权风险集中凸显出来，风险度急速上升，很多企业都是在这一阶段发现

图1-1　波特价值链图

知识产权风险的，但该阶段的风险应对措施则会受到各方面的限制。

在本书中，我们将企业价值链中每个环节的风险分解到各章的论述中，尽量做到全面、详细。

（二）按照知识产权类型分类

一般来讲，知识产权主要包括专利权、商标权、商业秘密、著作权、其他知识产权，所以我们也可以将知识产权风险分为专利风险、商标风险、商业秘密风险、著作权风险、其他知识产权风险。对生产制造型企业来说，著作权方面的风险较小，所以本书也主要集中探讨专利、商标和商业秘密方面的风险管理。

本书是根据知识产权分类来安排各章内容的，专利风险管理最为详尽，商标次之，商业秘密和著作权则为了避免重复起见进行了简化。

（三）按照知识产权工作内容分类

企业的知识产权工作纷繁复杂，我们可以根据《国家知识产权战略纲要》的精神，将知识产权风险划分为创造、运用、保护、管理四个方面，本书的各节具体内容据此展开。但是在总体框架下，我们也将前两种分类糅合进去，形成了立体的知识产权风险识别、评价、应对体系。

四、知识产权风险管理的内容

根据西方专家的理论，企业的知识产权管理有五个阶段：防御、成本、利润、内部整合、引导发展战略。不同知识产权管理阶段的企业面临不同的风险管理需求。

第一阶段是防御阶段。在这个阶段，企业知识产权管理工作的目的是防卫自己的研发成果遭人抄袭剽窃，同时确保不会被其他企业提起知识产权侵权诉讼。

中国绝大部分的企业现在都处在这一阶段，很多企业还处在知识产权启蒙期，没有成立专门的知识产权管理机构，由董事长、总经理和法务部、技术部等分管知识产权风险管理事务，遇到知识产权纠纷就委托外部法律顾问处理。成功一些的企业会考虑成立专门的知识产权管理机构，或者设在总裁办，或者在法务部、或者在技术研发部，可能配备一、二位负责专利申请的工程师，主要任务是负责与企业所聘用的法律顾问沟通协调。

在这个阶段，企业知识产权风险管理工作的核心是"创造"和"维权"。企业第一是创造更多的知识产权，申请更多专利、注册更多商标，数量是主要的管理指标。第二，采用一切办法保护企业的利润核心，确保企业核心技术被知识产权适当保护。围绕技术核心扩大专利申请量，为保护技术核心不惜一切力量。第三，具备简单的知识产权专利风险预警能力，能提前发现知识产权侵权，向管理决策者提出风险处理意见。第四，在内部培养知识产权维权能力，能处理一般的知识产权纠纷，在专家顾问的帮助下处理一般的知识产权纠纷信函，对知识产权纠纷风险作初步处理。

第二阶段是降低成本阶段。在建立基本的知识产权防御系统后，企业的知识产权工作需求会发生提升。随着知识产权的渐渐累积，企业发现知识产权权需要昂贵的创造和维持成本。一家企业如果拥有成百上千件专利，维护成本就成为企业的重大负担。这时，加强知识产权管理降低成本的需求就产生了。

在这个阶段，企业知识产权风险管理工作的核心是"成本管理"。这个层次的企业知识产权的战略目标主要有二。第一是降低企业现有知识产权组合的管理维护成本，适当淘汰一些过时的专利。第二是加强专利申请前的内部审查评估工作，减少与企业业务关系不大和琐细的专利申请。

在进行成本控制的同时，企业知识产权风险管理工作也逐步进入正轨，管理机构成立，人才储备增加，知识产权风险管理工作系统开始成形。

第三阶段是创造利润阶段。企业处在第一及第二阶段时，知识产权风险管理的主要工作仍是自我防御，但在进入到第三阶段后，企业的竞争地位通过知识产权得到稳固，企业才有机会考虑更多问题。第三阶段的企业开始考虑发展问题，开始认识到，知识产权不但是法律风险，更是一种价值不菲的无形资产。企业的管理层希望通过知识产权运用来获取价值。

这一阶段的企业知识产权风险管理的核心是"运用"。具体的目标有：第一，发现企业所拥有的知识产权的价值；第二，辨别那些与企业核心运营业务无关但仍有价值的知识产权；第三，灵活利用各种运用手段实现知识产权的价值。

第四阶段是内部整合阶段。达到第四个阶段的企业，对知识产权的已经有了完整的认识和体验。这些企业已经在内部建立了完整的知识产权风险管理系统，防御早已经不是问题，知识产权维护成本控制也走上了正轨，企业从自己所拥有的知识产权中也获得了巨大的利益。

这些企业已经将知识产权视为一项商业战略性资产，这项资产可用以协助企业发展战略定位，作为商业谈判时的有力工具，以及影响企业股价的工具。知识产权不再只是法律风险，或只是生财工具，更是企业重要的营业资源。

在这一阶段的企业有下列三项风险管理目标需要达成：第一，从拥有的知识产权中找出可以作为协助企业发展战略价值者；第二，将知识产权管理程序融入企业的各个部门及企业整体管理系统中；第三，建立对于知识产权的管理及价值挖潜更加成熟、更有创意的运作方式。

在这个阶段，企业文化已经完全"专利化"，知识产权风险管理融入整个企业的管理运作中。

第五阶段为引导发展战略阶段。这是知识产权风险管理的最高层次。知识产权不但成为企业战略的组成部分，还进而成了企业战略决策的决定因素。作为行业的领导者，企业不仅靠知识产权巩固其市场，更能利用既有的知识产权优势来创造未来的市场，引导整个行业的发展。

这个阶段的知识产权是战略性资产，企业在该阶段的知识产权风险管理目标有：为企业未来布局知识产权；将知识产权风险管理融入企业文化中。能达到这层的企业全世界寥寥无几。CPU市场的Intel，软件市场的微软就是代表。

绝大多数中国企业现在尚处在第一阶段，也就是防止知识产权侵权的阶段。在这个阶段，企业对知识产权的规则了解有限，自身的知识产权储备也非常有限，易于受到知识产权管理成熟的国外企业的专利进攻，企业知识产权纠纷发生的概率很大，建立完善的知识产权风险管理机制有助于发现这些风险，并规范化地解决。

五、国内企业知识产权风险管理问题及解决办法

（一）存在的问题

中国企业知识产权风险管理存在如下三方面的问题。

1. 以偏概全

企业的精力集中在"专利"与"预警"，以偏概全。企业对知识产权风险管理的认识限于"知识产权预警"，而实践中更进一步将"知识产权预警"局限在"专利预警"。知识产权其他方面也存在风险，特别是商标和商业秘密的风险，在危险性和危害性方面很多时候并不比专利风险小。

2. 信息缺陷

企业知识产权预警的风险源集中在专利申请和授权，不能有效预测和解决知识产权风险。在实践中，大部分企业又将"专利预警"局限于"专利布局风险"，将风险源限定在专利的申请与授权，通过专利的申请情况进行预警，全部精力监控专利信息。

实际这种预警方式作用非常有限，因为很多企业布局专利但很长时间内不会启动诉讼程序，是否启动诉讼主要看产品布局和市场竞争态势，而企业对这方面的预警信息缺乏收集和管理。

3. 偏重危机处理

知识产权风险处理停留在维权环节，缺乏系统性。知识产权风险可能出现在知识产权创造、运用、管理、维权的任何一个环节。但实践中企业的"知识产权预警"实际上是"知识产权纠纷风险预警"，只存在于知识产权维权环节。

将知识产权风险防范和处理限于环节，结果就是治标不治本，不能根本上解决企业的知识产权风险，只能实现暂时的危机解决，不能体系化地发现和处理企业可能面临的知识产权风险。

总之，国内几乎所有企业都尚未建立完善风险管理机制。企业知识产权风险管理尚处在萌芽状态，只存在零星松散的知识产权预警、预防、纠纷应对行为，没有建立完善的知识产权风险管理机制。

（二）实施知识产权风险管理的主要措施

1. 转变知识产权危机处理方式

中国企业面对的知识产权风险不是个别的、偶发的现象，但现在中国企业采取的是传统的"头痛医头，脚痛医脚"的救火模式，很多时候只能起到"扬汤止沸"的作用，不能从根本上解决问题。知识产权预警（确切地讲是

专利预警）就是这样的危机处理方式。

要引进知识产权风险管理，就需要改变企业的知识产权危机处理方式，这就需要政府有关部门的宣传引导，需要选择管理规范的大型创新型企业试点推广，树立榜样、培养信心。

2. 深入了解知识产权风险管理理念

企业认可并引入知识产权风险管理机制的第一步，是了解知识产权风险管理的概念、原则、机制、流程。

相对于专利预警、知识产权预防、知识产权纠纷应对等概念，大多数企业对知识产权风险管理了解甚少或者没有了解。知识产权风险管理较其他概念要更复杂、系统，需要主管部门的宣导，需要专业人士提供一定的咨询服务。

3. 建构知识产权风险管理机制

知识产权风险管理是一个系统性的工作，需要一整套管理机制的建设。已经建构了现代管理制度的企业易于推广知识产权风险建立机制。不论是流程管理还是监督检查制度或通报记录制度，知识产权风险管理都与其他管理体系相差无几。

管理规范的企业稍加努力就可以在现有的管理系统中加入知识产权风险管理模块，开展知识产权风险管理工作。

4. 聘请专业服务机构提供咨询服务

要实行知识产权风险管里，在建立管理机制之外，企业还需要知识产权管理专家，特别是有知识产权风险处理经验的专家提供专业咨询服务。

知识产权风险管理流程中包含的是知识产权专业管理内容，如果对知识产权认识不足，对专利、商标、商业秘密等知识产权创造、保护、运用、维权了解不到位，知识产权风险管理机制就会成为没有灵魂的空架子，起不到防范和处理知识产权风险的功能。

当然，在接受专业服务的基础上，企业也应该培养和提升自己的知识产权管理团队的知识产权风险管理能力。

六、企业开展知识产权风险管理的意义

实施知识产权风险管理对中国企业意义重大。

1. 为企业知识产权战略实施提供系统管理工具

经过国家各级管理部门的努力，大部分上规模的企业都制定了知识产权战略，但知识产权战略的实施工作在很多企业并没有落到实处，这就使近年来国家开展知识产权战略推进工程的原因。

知识产权战略实施遇到的主力主要是知识产权管理工作的碎片化、零散性，企业难以建立系统化的管理体系，难以将知识产权管理工作融入到已成型的企业现代管理系统。

知识产权风险管理适应中国企业知识产权管理现状，且与现代管理环环相扣，可以作为中国企业实施知识产权战略的有效工具。

2013年年初，国家知识产权局制定的《企业知识产权管理规范》正式成为国家标准。该规范的规定了企业知识产权管理的方针、体系要求、资源管理、运行控制、合同管理、检查、分析和改进。目的就是规范企业知识产权管理活动，有效控制和减少企业知识产权风险。该规范要求企业按本标准要求建立知识产权管理体系，加以实施和保持，并持续改进其有效性。该体系应：识别所涉及的知识产权种类及其在企业中所起的作用；确保知识产权创造、运用、保护和管理的有效运行和控制；开展检查、分析、评价，确保持续改进。这些要求与风险管理的要求基本相符。所以，开展知识产权风险管理可以为企业的知识产权战略实施、为企业构建符合国家标准的知识产权管理体系提供帮助。

2. 完善和提升知识产权预警工作

知识产权预警实际上就是知识产权风险预警，对中国企业来讲，主要是海外知识产权风险预警，尤其是海外专利风险预警。

国内企业知识产权预警工作存在一定的问题。首先是不全面，对专利以外的其他风险的预警和管理欠缺。其次是不规范，因为真正的知识产权风险来自技术研发信息和市场销售信息，而不是专利信息。一般来讲，其他企业相关专利的申请和布局不代表企业面临很大的知识产权风险。最后是不系统。专利预警的目标是被动的，没有风险的分析、评价、处理、监控环节，也没有明确风险管理的最终目标是创造价值，而不是被动地回避风险。

知识产权风险管理与此相反，是针对所有知识产权类型的各种风险采取的、系统化的，以管理风险创造价值为目的的机制。实施知识产权风险管理可以从根本上解决现有知识产权风险预警或专利风险预警的局限性。

3. 提高企业知识产权管理水平

经过多年的管理研究和实践，中国很多企业管理水平都与国际基本接轨。但很多企业的知识产权管理工作没有和整体的管理挂钩，知识产权战略制定实施、知识产权预警等工作都不够系统，存在与现有管理系统接轨的问题。知识产权风险管理有国际和国家标准，在系统化、结构化方面非常完善，可以轻松跟现有各种现代管理系统接轨，从而整体上提高企业知识产权管理水平。

4. 减少专利风险造成的经济损失

实施知识产权风险管理可以在风险出现的最初阶段发现风险，并对风险进行监控，在风险发生时，安排好处理的方法和路径，减少企业可能面临的经济损失。

5. 增加盈利机会

通过对风险的科学系统的评估，企业可以根据自身的风险承受度接受风险，创造机会。

风险管理的最终目的不是预防，也不是回避或绕过，而是面对风险、监控风险，争取更大的商业机会和企业效益。

第二章

知识产权风险管理
原则、机制与流程

第一节　知识产权风险管理原则

一、控制损失、创造价值原则

这是知识产权风险管理的第一个原则，以此为目标的风险管理有助于企业实现目标，取得具体可见的成绩。

这也是知识产权风险管理不同于知识产权预警的主要特征。知识产权预警重视的是风险的识别和预防，而知识产权风险管理则重视用最低的成本处理知识产权风险，且力争获得机会收益，增加企业收益。

二、以企业知识产权战略目标为导向

企业知识产权风险管理是在企业知识产权战略的指引下开展的，其主要目标之一就是促进企业知识产权战略目标的实现。企业在知识产权风险评估、应对等企业知识产权风险管理活动中，应充分考虑知识产权风险与企业知识产权战略目标之间的相互关系、对企业知识产权战略的影响等因素。

知识产权风险管理是实施企业知识产权战略的系统化工具。可以通过组织、流程、管理框架等各方面的设计帮助企业知识产权管理决策建立在科学的基础上。

三、与企业整体管理水平相适应

知识产权风险管理是企业管理的有机组成部分，和企业战略管理、流程管理、绩效管理、信息管理等密切相关。知识产权风险的识别、分析、评价和控制等活动只有与企业整体管理水平相适应，才能取得良好的效果。

四、系统化、结构化原则

知识产权风险管理采用系统化和结构化的方法，这有助于风险管理效率的提升，并产生一致、可比、可靠的结果。

这是知识产权风险管理和知识产权预警重要的不同点。知识产权预警是对危机个案的应急处理，没有管理结构，缺乏流程管理，缺乏常态的管理理念和程序。

五、融入企业管理流程

知识产权风险管理并非是企业知识产权管理工作和管理程序外自成一体的系统，风险管理是企业知识产权工作和程序的一部分，包括战略规划和所

有计划及变更管理程序。

知识产权风险发生于企业的经营管理活动中，是企业管理不可缺少的重要组成部分。其识别、分析、评价和应对都不可能脱离企业经营管理过程，知识产权风险管理必须融入企业经营管理过程，成为其有机组成部分。

知识产权风险管理是企业风险管理机制的组成部分，应与其他风险的管理整合，以提高风险管理的整体效率和效果。

知识产权管理的这一原则可以从根本上解决了"知识产权风险预警"没有解决的融入企业整体管理流程和管理框架的问题，可以使企业知识产权管理渐入正轨。

六、以充足有效的信息为基础

风险管理过程要以有效的信息为基础。这些信息可通过历史数据、经验、利益相关者意见回馈、观察、预测和专家判断等多种渠道获得，但使用这些信息时要了解数据、模型和专家意见的局限性。

这和知识产权风险预警有相类的地方，不同之处是所取信息要全面、丰富得多，而不仅仅是专利申请布局信息。

七、定制原则

风险管理有很强的环境依赖性，风险管理取决于企业所处的内部和外部环境以及企业所承担的风险。需要特别指出的是，风险管理受人文因素的影响非常大。所以，每个企业都需要根据自己的情况设计自己的知识产权风险管理机制、开展知识产权风险管理工作。

知识产权风险管理要根据每个企业的特点定制，需要深度的内外环境调查研究，所以要知识产权管理专家的深度介入，而不是简单地套用其他企业的模式。

八、广泛参与、充分沟通原则

知识产权风险管理是系统工程，需要企业内部全面沟通，需要相关员工广泛的理解和参与。

通过与企业利益相关者之间的沟通，尤其是决策者在风险管理中适当、及时的参与，有助于保证风险管理的针对性和有效性。

利益相关者的广泛参与有助于其观点在风险管理过程中得到体现，有利于其利益诉求在决定企业的风险偏好时得到充分考虑。其广泛参要建立在对其权利和责任明确认可的基础上。

利益相关者之间需要进行持续、双向和及时的沟通，尤其是在重大风险事件和风险管理有效性等方面需要及时沟通。

九、持续改进的原则

风险管理要不断察觉和因应改变，当内、外风险事件发生时，有些考虑和认知会发生改变，企业应实时进行监测和审查风险，因为可能会有不同的风险出现，有些会改变、有些会消失。

知识产权风险管理是适应企业内外部法律环境变化的动态过程，其各步骤之间形成一个循环往复的闭环。随着内、外部法律环境的变化，企业面临的知识产权风险也在不断地发生变化。企业应该通过技校测量、检查和调整等手段，使风险管理得到持续改进。

利益相关者：可以影响风险、受到风险影响或者自认为会受到风险影响的任何个人、团体或组织。抉择者是利益相关者之一。

——《风险管理 术语》（GB/TY23694—2009）

第二节　知识产权风险管理机制

一、概述

知识产权风险管理的实施需要一个知识产权风险管理机制，这个机制应包括风险管理的方针、企业结构、工作程序、资源配置、信息沟通机制以及相关的技术手段等相关基础配套设施，以便将风险管理嵌入企业的各个层次和活动之中。

风险管理机制又称为风险管理体系，根据国家标准（GB/TY24353—2009），风险管理体系是指组织的管理体系中与风险管理有关的要素的集合。风险管理体系体现了企业的文化。

知识产权风险管理机制建立后，企业要适时检查，在此基础上作出对知识产权风险管理机制进行改进和完善。

在开始设计和实施风险管理机制之前，评价和了解企业的外部和内部环境是非常重要的，因为这可以显著影响管理机制的设计。

评价企业的外部环境包括但不限于：社会和文化、法律、监管、财政、技术、经济、国际和地区环境等；与企业有相关观念和价值的外部利益相关者。

内部环境的评价包括但不限于：治理、企业结构、角色和责任；可以实现这些目标的政策、目标和战略措施；能力、资源和知识方面的理解，如资本、时间、人力、流程、系统和技术；信息系统、信息流和决策流程，包括正式的和非正式的；管理、观念、内部利益相关者和企业文化；标准、指导方针、企业采用的模型；合同关系的形成和程度。

二、知识产权风险管理政策方针

建置风险管理和确保其持续成效需要管理层强烈和持续的决心，以及策略性和严密的规划。风险管理方针指一个企业对整体风险管理意图和方向的陈述。企业应该通过制定知识产权风险管理政策方针来确立企业在知识产权管理方面的任务与决心，清晰地阐述企业的目标和承诺。企业知识产权风险管理政策方针通常包括以下几个方面。

1. 企业风险管理的基本原则

企业风险管理的基本原则也就是企业知识产权风险管理理念的明确和细化。企业知识产权风险管理理念是企业如何认知整个经营过程（从战略的制定和实施到公司日常活动）中的以知识产权风险为特征的企业共有的信念和态度。知识产权风险管理基本原则也可以看成是企业最高管理者对知识产权风险管理的承诺。

2. 知识产权风险管理的目标

企业知识产权风险管理的总目标就是要以最小的成本获取最大的安全保障。不同企业在不同的发展阶段有不同的知识产权风险管理目标，且可以从识别风险、评估风险和处理风险，涉及战略、财务、法律、技术、品牌等多个方面进行阐述。

企业知识产权风险管理目标的确定一般要满足以下几个基本要求：

（1）知识产权风险管理目标与企业知识产权战略总体目标相一致；

（2）确定目标有实现的客观可能性，符合企业的知识产权管理现状，得到管理层的统一和认可，能获得相当的资金支持；

（3）目标要明确具体，可以对其效果进行客观的评价；

（4）目标要有层次，从总体目标出发，根据目标的重要程度，区分风险管理目标的主次，以利于提高风险管理的综合效果。

3. 企业的知识产权风险偏好

风险偏好又称为风险态度，是指一个企业评估并进而追求、保留、接受或回避风险的倾向。有了知识产权管理目标，知识产权风险态度就可以细化。

4. 企业目标和政策与知识产权风险管理政策方针的关系

企业要确保风险管理目标和企业整体管理策略和目标的一致性，要理清知识产权风险管理方针与企业的目标及其他方针之间的关系。

5. 知识产权风险管理的职责和义务

指定企业各机构、各层级知识产权管理的职责和义务，这是建立知识产权管理机制的指导原则。

6. 知识产权管理风险的基本程序和方法

知识产权风险管理的基本流程、处理知识产权风险的基本方法都需要在政策方针中确定，作为具体流程制度的指导。

7. 利益冲突的处理方法

知识产权风险管理工作的开展会牵涉不同的管理部门和不同的利益主体，矛盾不可避免，关键是制定利益冲突的处理方法，防止管理出现混乱。

8. 对风险管理执行者提供必需的资源承诺

知识产权风险管理工作需要资金、技术支持，企业要确保风险管理必要的资源。

9. 风险管理绩效测量和报告的方式

在政策方针中，企业需要设定和企业绩效标准一致的风险管理成效指标，建立测量和报告风险管理绩效的方式。

10. 制定风险管理机制的计划

风险管理计划就是在风险管理架构中详述风险管理做法、管理组合和所需资源的方案，在政策方针中需要体现。

11. 承诺定期检讨和改善风险管理方正和机制，并对环境的变化作出响应

为了确保管理风险管理机制的适宜性，企业管理者需要做持续改进的承诺。

12. 适当的沟通和传达

企业管理者应该向所有利益关系人传达风险管理的效益，并就企业营救风险管理方针同内部和外部利益相关者进行充分沟通。

三、知识产权风险管理组织结构及职责设计

企业可通过以下方法保证风险管理的责任认定和授权，从而保证能够执行风险管理过程，并保证风险管理的充分性和有效性。

1. 明确风险管理机制的制定、实施和维护人员的职责

知识产权风险管理一般由知识产权管理部门负责。每个企业知识产权管理都有其特殊性，但必须统一建制，确定权利和义务。

2. 明确知识产权风险管理相关工作人员的职责

知识产权风险管理过程中，还要有执行风险应对措施、风险管理信息收集和风险报告工作的相关人员。这些提供知识产权风险管理辅助性工作的员工来自企业的不同部门，他们的权责及奖惩应该给予适当安排。

3. 明确其他相关管理部门的权责

知识产权风险管理不是知识产权管理部门一个部门的事情，需要其他部门的密切配合和支持。这些部门包括研发部门、市场销售部门、法务部门等。

4. 内外部知识产权风险管理资源的分工和合作方式

如果聘请外部专家或咨询机构设计知识产权风险管理机制，则需要明确其与企业内部机构和人员的关系。

四、知识产权风险管理的制度及流程

企业应当根据知识产权风险管理的目标，建立完善适当的配套制度和行为规范，建立知识产权风险管理的工作程序。同时，结合企业内部控制管理工作，将知识产权风险纳入到流程控制中，确保知识产权风险管理工作切实融入到企业的日常管理工作中，确保知识产权风险管理在企业内部的统一理解和执行。

在工作中要具体考虑：本企业知识产权风险管理工作的范围和内容；知识产权风险管理制度，规范的制定要考虑企业现有的制度管理体系和风险管理的制度，确保一致性，提高效率；形成对制度规范的定期更新和修订，确保其时效性；应当具体分析可纳入流程管理的知识产权风险，其相关管理措施与其他风险控制点的配套关系。

在风险管理制度中，奖惩措施有其必要性，企业要制定知识产权风险管理责任追究制度。如明确公司员工由于工作失职或违反规定，给公司带来严重影响或损失的，公司将根据具体情况给予责任人批评、警告、降薪、调职直至解除劳动合同等处分。

建立绩效测量制度是奖惩制度的基础，也需要认真对待，根据企业具体情况予以明确。

五、知识产权风险管理的资源配置

企业需根据知识产权风险管理计划，制定可行的方法，为知识产权风险管理分配适当的资源。具体要考虑：人员、技术、经验和能力；风险管理过程每一阶段所需要的资金及其他资源；根据企业内部条件和管理需求，可引入信息和知识管理系统，提高信息沟通和管理的效率。

六、知识产权风险管理的沟通和报告机制

知识产权管理机制需要不断进行内外部的沟通和咨询，目的在于提供、分享或获得信息，并和利益相关者就风险管理相关课题充分沟通，这就要求建立企业内外部的沟通报告机制。企业知识产权风险管理信息的沟通和报告机制要考虑与其他风险信息报送的衔接关系，以保证相关部门信息的互动沟通，有助于对风险信息的组合分析，提高管理效率。

1. 内部沟通和报告机制

企业要建立内部沟通和报告机制，以保证：知识产权风险管理机制的关键组成部分及其调整得到适当的沟通；在企业内部充分报告知识产权风险应对计划实施的效果和效率；在适当的层次和时间提供知识产权风险管理的相

关信息；建立与内部利益相关者协商的程序。内部沟通和报告机制应该在考虑企业敏感程度的基础上，适当整合从各内部渠道获取风险信息的程序。

内部沟通机制的参与者包括：企业的决策者；企业内部负责制订风险管理政策的人员；企业或活动中实施风险管理的人员；需要对企业的风险管理实践进行评估的人员；企业中负责制订有关风险管理的标准、指南、程序、应用准则的人员；股东、董事会、高级管理人员、员工、债权人、供应商、顾客、银行、监管机构、合作伙伴等，以及其他需要确保企业管理其风险的人员。

2. 外部沟通和报告机制

企业需建立与外部利益相关者沟通的机制。这种机制应当保证：企业的对外报告符合法律法规和公司治理要求；企业与外部利益相关者保持有效的信息沟通；在外部利益相关者中建立对企业的信心；在发生突发事件、危机和紧急状况时与利益相关者沟通；为企业提供外部利益相关者的报告和反馈。

七、知识产权风险管理文化

企业应当注重知识产权风险意识和风险管理文化的培养，从而促进知识产权风险管理的贯彻实施，保障知识产权风险管理目标的实现。具体应考虑：树立知识产权风险管理是企业全体员工共同责任的理念，需在不同层次上履行防范知识产权风险的职责；知识产权风险管理专业机构应当制定系统化的知识产权风险管理培训计划，包括一般的普法宣传和专项知识产权知识培训，从而提高全体员工对知识产权和知识产权风险的理解水平；加强知识产权风险管理机构专业人员的风险管理水平，加强提升对企业业务管理的深入理解和支撑服务能力；采用多种途径加强对企业知识产权风险管理理念、知识、方法和流程的培训，以便于企业各层形成共识；企业应当加强对内部违法违规行为的惩处力度，形成良好的知识产权风险管理文化；重视企业领导层对知识产权风险管理工作的态度和管理理念以及管理承诺。

八、执行风险管理机制调整

为确保风险管理绩效，企业应：定期量测风险管理绩效，并和相关指标评比，以确定风险管理的适宜性；定期量测风险管理计划进度；定期审查风险管理的架构、政策及计划是否仍适用；报道风险、风险管理计划进度及风险管理政策遵循的程度；定期审查风险管理体系的有效性。根据监测和审核结果，企业应决定如何改善风险、管理架构、政策及计划。

第三节　知识产权管理流程

一、概述

知识产权风险管理是企业全面风险管理的组成部分，贯穿于企业决策和经营管理的各个环节。知识产权风险管理流程由以下活动组成：明确知识产权风险环境信息、知识产权风险评估、知识产权风险应对、监督和检查，如图2-1所示。其中，知识产权风险评估包括知识产权风险识别、知识产权风险分析和知识产权风险评价三个步骤。

沟通和记录非常重要，其贯穿于企业知识产权风险管理过程的各项活动中。

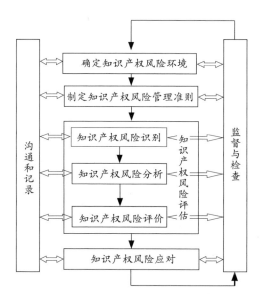

图2-1　知识产权风险管理流程图

二、确认知识产权风险环境

1. 概述

确认知识产权风险环境信息是知识产权风险管理的基础，就是应用适当的方法，对企业内外部环境中与知识产权风险相关的信息进行收集、分析、整理、归纳的活动。通过确认环境信息，企业可以明确其风险管理的目标，确定与企业相关的内部和外部参数，并设定风险管理的范围和有关风险准则。

明确知识产权风险环境信息是一个动态的过程，企业应保持知识产权风险环境信息的持续更新。

2. 外部知识产权风险环境信息

外部知识产权风险环境信息是指与企业知识产权风险管理相关的政治、经济、文化、法律等各种相关信息，包括历史的、现在的和未来的各种信息。为保证在制定风险准则时能充分考虑外部利益相关者的目标和关注点，企业需要了解外部环境信息。

企业应根据本行业和企业业务经营管理的特点，具体分析明确外部知识产权风险环境信息的收集范围和分析方式，为知识产权风险评估和应对提供充分的信息保障。

外部知识产权风险环境信息包括但不限于：国内外与本企业知识产权管理工作相关的立法、司法、执法和守法情况及其变化；与本企业相关的监管体制、机构、政策以及执行等情况；外部利益相关者及其诉求、价值观、风险承受度；外部利益相关者与企业的关系；企业主要的外部利益相关者及其对法律、合同、道德操守等的遵从情况；本行业的业务模式及特点；与本企业相关的市场竞争情况；本企业在产业价值链中的定位及与其他主体之间的关系；与企业知识产权风险及管理相关的其他信息。

3. 内部知识产权风险环境信息

内部法律环境信息是与企业知识产权风险及其管理相关的各种信息，企业在实现知识产权工作的过程中面临的内在环境的历史、现在和未来的各种相关信息。

风险管理在企业的特定目标和管理条件

风险准则：评价风险严重性的依据。

——《风险管理 术语》（GB/TY23694—2009）

下进行。风险管理流程要与企业的文化、经营过程和结构相适应，包括企业内影响其风险管理的任何事物。企业须明确各部的环境信息，因为风险可能会影响企业战略、日常经营或项目运营等各个方面，从而会进一步影响企业的价值、信用和承诺等。

企业的内部知识产权风险环境信息包括：企业的战略目标；企业知识产权风险管理工作的目标、职责、相关制度和资源配置情况；企业的主要经营管理流程/活动、部门职能分工等相关信息；信息系统、信息流和决策过程，包括正式的和非正式的。内部利益相关者及其诉求、价值观、风险承受度。企业的资源和知识方面的能力，如资金、时间、人力、过程、系统和技术。内部利益相关者的法律遵从情况和激励约束方式；企业盈利模式和业务模式；本企业签订的重大合同及其管理情况；本企业发生的重大法律纠纷案件或知识产权风险事件的情况，本企业相关的法律规范库和知识产权风险库；采用的标准和模型；企业结构，包括治理结构、任务和责任等，管理过程和措施；与知识产权风险及其管理相关的其他信息。

以上知识产权风险环境信息的收集范围和内容，应根据企业的知识产权风险状况变化及企业的管理需要进行补充调整。

三、制定企业知识产权风险准则

企业知识产权风险准则是衡量知识产权风险重要程度所依据的标准，应体现企业对知识产权风险管理的目标、价值观、资源、偏好和承受度。

风险准则应当与企业的风险管理方针一致，企业知识产权风险准则应在知识产权风险管理工作开始实施前制定，并根据实际情况进行相应调整。

确定知识产权风险准则时要考虑但不限于以下因素：本企业知识产权风险管理的范围、对象以及知识产权风险的分类；可能发生的后果的性质、类型以及后果的度量；知识产权风险发生可能性的度量；可能性和后果的时限；风险的度量方法影响程度以及知识产权风险的度量方法；风险等级的确定；多种风险组合的影响；知识产权风险等级的划分标准；利益相关者可接受的知识产权风险或可容许的知识产权风险等级；重大知识产权风险的确定原则。

通过对以上因素及其他相关因素的关注，将有助于保证企业所采用的风险管理方法适合于企业的现状和面临的风险。

四、知识产权风险评估

1. 概述

知识产权风险评估包括风险识别（风险辨识）、风险分析和风险评价三个步骤。风险评估是知识产权应对战略制定的基础，是知识产权风险管理的关键程序。

风险辨识是指查找企业各业务单元、各项重要经营活动及其重要业务流程中有无风险、有哪些风险。风险分析是对辨识出的风险及其特征进行明确的定义描述，分析和描述风险发生可能性的高低、风险发生的条件。风险评价是评估风险对企业实现目标的影响程度、风险的价值等。[①]

2. 知识产权风险识别

（1）概述。

知识产权风险的识别，就是通过识别风险源、影响范围、时间及其潜在的后果等，生成一个全面的风险清单。知识产权风险识别的目的是全面、系统和准确地描述企业知识产权风险的状况，为下一步的知识产权风险分析明确对象和范围。企业识别知识产权风险不仅要考虑可能带来的损失，也要考虑其中蕴含的机会。

进行知识产权风险识别时要掌握相关的和最新的信息，必要时需包括适用的背景信息，特别是法律法规的变化信息。除了识别可能发生的知识产权风险事件外，还要考虑其可能的原因和可能导致的后果，包括所有重要的原因和后果。不论知识产权风险事件

[①] 国资发改革〔2006〕108号《中央企业全面风险管理指引》。

风险评估活动适用于组织的各个层级，评估范围可涵盖项目、单个活动或具体事项等。但是在不同情境中，所使用的评估工具和技术可能会有差异。

风险评估有助于决策者对风险及其原因、后果和可能性有更充分的理解。这可以为以下决策提供信息：是否应该开展某些活动；如何充分利用时机；是否需要应对风险；选择不同风险的应对策略；确定风险应对策略的优先次序；选择最适合的风险应对策略，将风险的不利影响控制在可以接受的水平。

——《风险管理 风险评估技术》（GB/T 27921—2011）

风险识别：

发现、列举和描述风险要素的过程。要素包括来源、事件、后果和概率。

——《风险管理 术语》（GB/T 23694—2009）

风险识别方法包括：

基于证据的方法，例如检查表法以及对历史数据的审查；

系统性的团队方法，例如一个专家团队可以借助于一套结构化的提示或问题来系统地识别风险；

归纳推理技术，例如危险与可操作性分析等。组织可利用各种支持性的技术来提高风险识别工作的准确性和完整性，包括头脑风暴法及德尔菲法等。

无论实际采用哪种技术，关键是在整个风险识别过程中要认识到人的因素及组织因素的重要性。因此，偏离预期的人为及组织因素也应被纳入风险识别的过程中。

——《风险管理 风险评估技术》（GB/T 27921—2011）

的风险源是否在企业的控制之下，或其原因是否已知，都应对其进行识别。此外，要关注已经发生的风险事件，特别是新近发生的风险事件。

识别知识产权风险需要所有相关人员的参与。企业所采用的风险识别工具和技术应当适合于其目标、能力及其所处环境。

（2）构建知识产权风险识别框架。

为保证知识产权风险识别的全面性、准确性和系统性，企业应构建符合自身经营管理需求的知识产权风险识别框架，该框架应提供一些方便识别知识产权风险的角度，这些角度包括但不限于以下方面：

根据企业主要的经营管理活动识别，即通过对企业主要的经营管理活动（如生产活动、市场营销、物资采购、对外投资、人事管理、财务管理等）的梳理，发现每一项经营管理活动可能存在的知识产权风险。

根据企业机构设置识别，即根据企业各业务管理职能部门/岗位的业务管理范围和工作职责的梳理，发现各机构内可能存在的知识产权风险。

根据利益相关者识别，即通过对企业的利益相关者（如股东、客户、供应商、员工、政府等）的梳理，发现与每一利益相关者相关的知识产权风险。

根据知识产权类型识别，即通过专利权、商标权、商业秘密、著作权等梳理，发现企业存在的知识产权风险。

知识产权风险可以通过表2-1来罗列。

根据知识产权风险发生后承担的责任梳理，即通过对知识产权刑事风险、知识产权行政风险、知识产权民事风险的梳理，发现不同责任下企业存在的知识产权风险。

根据法律法规识别，即通过对与企业相关的知识产权法律法规的梳理，发现不同法律法规中存在的知识产权风险。

根据以往发生的案例识别，即通过对本企业或本行业发生的案例的梳理，发现企业存在的知识产权风险。

企业可以根据自身的不同需要，选择以上不同的角度或组合，构建知识产权风险识别框架。

（3）进行知识产权风险识别。

根据构建的知识产权风险识别框架，企业可采用问卷调查、访谈调研、头脑风暴、德尔菲法、检查表法等方法进行知识产权风险识别，并确定分类和命名规则，对每个知识产权风险分别命名或设置相应的编号。

表2-1　知识产权风险

知识产权类别	内外部风险	创造	管理	运用	维权
专利权	内部	研发成本浪费、发明挖掘不足、发明权属争议、专利绕过失败、技术交底书问题、专利布局失误	管理制度不完善、"一奖两酬"实施不到位、专利组合失败	交易、许可决策失误、技术许可合同审查失误、技术转让合同审查失误	发现侵权和被侵权机制未建立或不完善，法律法规掌握不到位，证据收集、诉讼规划和诉讼决策失误
	外部	代理专利撰写失误、技术合作权属	政府管理产生的风险、参与专利池、参与标准活动	技术合作方知识产权权属争议、技术合作方知识产权处分争议	专利被诉侵权、无效纠纷、对外贸易中的风险
商标权	内部	商标设计、商品或者服务类型选择失误	管理制度不完善、淡化	商标许可合同审查、商标转让合同审查	发现侵权和被侵权机制未建立或不完善，法律法规掌握不到位，证据收集、诉讼规划和诉讼决策失误
	外部	设计合同、代理失误	政府管理产生的风险、商标被丑化	商标共有人权属处理	自己的商标被假冒或者仿冒、被诉商标侵权、对外贸易中的商标风险
商业秘密	内部	研发成本浪费、技术秘密登记确认制度不完善	管理制度不完善、禁业限制制度的风险、接待参观实习的风险、人员流动风险	技术合同决策及审查风险	发现侵权和被侵权机制未建立或不完善，法律法规掌握不到位，证据收集、诉讼规划和诉讼决策失误
	外部	技术合作权属以及保密与否的争议	政府管理产生的风险	保密条款设定风险	商业秘密被侵权、被诉侵权、对外贸易和对外合作中的风险
著作权	内部	权属争议	管理制度不完善，登记失误	许可或者转让合同决策和审查风险	发现侵权和被侵权机制未建立或不完善、法律法规掌握不到位、证据收集、诉讼规划和诉讼决策失误
	外部	对外合作合同中的权属争议	政府管理产生的风险	共有人风险	著作权被侵权、被诉侵权、对外贸易中的风险

企业应该广泛、持续不断地收集与公司知识产权风险和风险管理相关的内部、外部初始信息，包括历史数据和未来预测，应把收集初始信息的职责分工落实到各部门及分（子）公司。

（4）形成知识产权风险清单。

在知识产权风险事件及知识产权风险名称确定后，应将这些事件统一列表，并在列表中补充每一风险事件适用的法律法规、风险动因、可能产生的法律后果、相关的案例、法律分析意见及其涉及的部门、经营管理流程等信息，最终形成企业的知识产权风险清单。

3. 知识产权风险分析

（1）概述。

知识产权风险分析是指对识别出的知识产权风险进行定性、定量的分析。内容是考虑知识产权风险源或导致知识产权风险事件的具体原因、知识产权风险事件的发生的可能性及其后果，影响后果和可能性的因素，为知识产权风险的评价和应对提供支持。

风险分析要考虑导致风险的原因和风险源、风险事件的正面和负面的后果及其发生的可能性、影响后果和可能性的因素、不同风险及其风险源的相互关系以及风险的其他特征，还要考虑现有的管理措施及其效果和效率。

根据知识产权风险分析的目的、可获得的信息数据和资源，知识产权风险分析可以有不同的详细程度，可以是定性的、半定量的、定量的分析，也可以是这些分析的组合。在实践中经常首先采用定性分析，以一

风险分析：系统地运用信息确认风险的来源、并对风险进行估计。风险分析为风险评价、风险处理和风险承受提供了一个基础。信息可以包括历史数据、理论分析、基于可靠信息的见解以及利益相关者的关注。

——《风险管理 术语》（GB/T 23694—2009）

般程度地了解知识产权风险等级和揭示主要知识产权风险。在可能和适当的时候，应当进一步进行更具体和定量的知识产权风险分析。

对于知识产权风险事件发生的可能性和影响程度的分析应综合采用建模和专家意见以及经验推导来确定，要注意与企业内外部相关利益者的沟通，同时要考虑模型和专家意见本身的局限性。

后果和可能性可通过专家意见确定，或通过对事件或时间组合的结果建模确定，也可通过对时间研究或可获得的数据的推导确定。对后果的描述可起到有形或无形的作用。在某些情况下，可能需要多个指标来确切描述不同时间、地点、类别或情形的后果。

风险分析能够加深对风险的理解，为风险评价提供输入，以确定风险是否需要处理以及最适当的处理策略和方法。

（2）知识产权风险可能性分析。

风险事件的发生可能性是指在公司目前的管理水平下，风险事件发生概率的大小或者发生的频繁程度。对知识产权风险发生可能性进行分析时，可以考虑但不限于以下因素：

外部监管执行力度，包括企业外部相关政策、法律法规的完善程度，以及相关监管部门的执行力度等；

知识产权风险管理制度的完善与执行，包括企业内部用以控制相关知识产权风险的规章、制度的完善程度及执行力度等；

相关人员知识产权管理素质，包括企业内部相关人员对相关政策、法律法规、企业规章制度以及知识产权风险控制技巧的了解、掌握程度等；

利益相关者的综合状况，包括利益相关者的综合资质、履约能力、过往记录、知识产权风险偏好的表达等；

所涉及工作的频次，指与知识产权风险相关的工作在一定周期内发生的次数。

对于不同类型的知识产权风险来说，影响其发生可能性的因素会有所不同。各种因素对可能性影响程度的权重也是不同的，并且各因素之间的权重比会因知识产权风险类型的不同而有所差异。

知识产权风险影响程度分析。

风险事件的影响程度是指该风险事件会对公司的经营管理和业务发展所产生影响的大小。对知识产权风险影响程度进行分析时，可以考虑但不限于以下因素：后果的类型，包括财产类的损失和非财产类的损失等；后果的严重程度，包括财产损失金额的大小、非财产损失的影响范围、利益相关者的反应等。

此外，知识产权风险与其他风险在一定条件下具有伴生性和相互转化性，企业要对法律风险、知识产权风险与其他风险之间的关联性进行分析，明确各风险事件之间的影响路径和传递关系，明确知识产权风险与其他风险之间的组合效应，从而在风险策略上对知识产权风险和其他相关风险进行统一集中的管理。

（4）专利风险分析。

专利风险水平主要从可能性、损失度两个方面测量。

风险发生的可能性从五个角度评价：专利威胁度情况、我方专利综合实力、风险对方综合实力、行业风险度、竞争威胁度，从五个方面得出风险可能性，风险发生的概率。

风险发生的损失度从三个维度评价：财产损失情况、商誉影响情况（影响范围）、业务影响，从三个方面得出风险损失度，风险损失的程度。

结合上述风险发生的可能性和损失度，得出具体的专利风险水平。风险水平也称为风险损失期望值，综合考虑了风险可能性和风险的损失度，代表了风险的严重程度。专利风险水平评价指标如表2-2所示。

4. 知识产权风险评价

知识产权风险评价是指将知识产权风险分析的结果与企业的知识产权风险准则相比较，或在各种风险的分析结果之间进行比较，确定知识产权风险等级，以帮助企业作出知识产权风险应对的决策。

在知识产权风险分析的基础上，综合考虑知识产权风险管理的目标、成本和收益、资源的投入安排等因素，对知识产权风险进行不同维度的排序，包括知识产权风险事件发生可能性的高低、影响程度的大小以及风险水平的高低。

在知识产权风险水平排序的基础上，对照企业知识产权风险准则，可以对知识产权风险进行分级，具体等级划分的层次可以根据企业的管理需要设定。

在知识产权风险排序和分级的基础上，企业可以根据其管理需要，进一步确定需要重点关注和优先应对的知识产权风险。

有时，根据已经制定的风险准则，风险评价使企业作出维持现有的风险应对措施，不采取其他新措施的决定。

表2-2 专利风险水平评价

	指 标	备 注
可能性	专利威胁性情况	主要指前面所述专利威胁性评分情况，高、中、低
	己方专利综合实力	我方在该领域技术实力如何、专利储备情况怎样；我方在对方涉及的其他技术领域专利储备情况如何； 我方专利部门和法务部门的应对能力
	风险对方综合实力	对方在该领域技术实力如何、专利储备情况怎样； 对方在我方涉及的其他技术领域专利储备情况如何； 对方的攻击性如何（主动提起诉讼情况、国际扩张情况）
	竞争/威胁度	对方是否为我方竞争对手或竞争对手的关联企业，竞争情况如何； 对方是否为我方合作伙伴或合作伙伴的关联企业，合作情况如何； 对方是否为与我方无关的第三方，企业还是个人，挑起纠纷的可能性如何
	行业风险度	在该技术领域行业内发生纷的频率如何； 所产生纠纷的类型以及处理结果如何； 所产生纠纷对相关企业的影响如何
损失度	财产损失情况	一旦风险发生，公司可能发生财产损失的大小； 可根据专利所涉及产品或项目的投入、市场占有情况等来评估
	商誉影响大小	对我方企业外部形象和良好商誉的影响大小； 可能是恶性的影响，也可能是良性的影响； 根据影响范围调整系数： 全球范围内的影响； 多个国家范围内的影响； 单一国家范围内的影响
	业务影响	对我方相关研发项目进展的影响大小； 对我方相关产品市场拓展的影响大小

风险的重要程度的判断主要根据风险发生的可能性和影响程度来确定：

（1）如果风险发生的可能性属于"极小可能发生"的，该风险就可不被关注；

（2）如果风险发生的可能性高于或等于"可能发生"，且风险的影响程度小，就将该类风险确定为一般风险；

（3）如果风险发生的可能性等于或高于"风险可能发生"，且风险的影响程度大，就将该类风险确定为重要风险。

公司进行风险分析，应当充分吸收专业人员，组成风险分析团队，按照严格规范的程序开展工作，以确保风险分析结果的准确性。

五、知识产权风险应对

1. 概述

知识产权风险应对是指企业针对知识产权风险或知识产权风险事件采取相应措施，将知识产权风险控制在企业可承受的范围内。

知识产权风险应对是选择并执行一种或多种改变风险的措施，包括改变风险事件发生的可能性或后果的措施。风险应对决策应当考虑各种环境因素，包括内部和外部利益相关者的风险承受度，以及法律、法规和其他方面的要求。

风险应对措施的制定和评估可能是一个递进的过程。对于未起到意料作用的风险应对措施，应调整或制定新的风险应对措施，并评估新的风险应对措施的效果，直到剩余风险可以承受。

执行风险应对措施会引起企业风险的改变，需要跟踪、监督风险应对的效果和企业的有关环境信息，并对变化的风险进行评估，必要时重新制定风险应对措施。

可能的风险应对措施之间不一定互相排斥。一个风险应对措施也不一定在所有条件下都适合。

2. 选择知识产权风险应对策略

知识产权风险应对策略包括以下六种。

（1）规避风险。

指企业对超出风险承受度的风险，通过放弃或者停止与该风险相关的业务活动以避免和减轻损失的对策。例如，停止向一个新的地理区域市场扩大业务或者出售企业的一个分支。

风险和收益总是相伴而生的，获得收益的同时必然要承担相应的风险。试图完全规避某种知识产权风险的影响意味着完全退出这一市场。因此，对企业的所有者而言，完全规避风险通常不是最优的风险应对策略。

（2）减少风险。

指企业在权衡成本效益之后，准备采取适当的控制措施降低风险或者减轻损失，将风险控制在风险承受度之内的对策。常用的方法包括消除具有负面影响的风险源、改变风险事件发生可能性的大小及其分布的性质，或者改变风险事件发生的可能后果。

（3）分担风险。

指企业准备借助他人力量，采取业务分包、购买保险等方式和适当的控制措施，将风险控制在风险承受度之内的对策。

很多大的企业和机构往往采取"把鸡蛋放在不同篮子里面"的方法来分散知识产权风险。对于小型企业或者个人来说，由于缺乏足够的资金和研究能力，他们经常无法有效地分散风险；同时，现代资产组合理论也证明，分散风险的方法只能降低非系统风险，而无法降低系统风险。

知识产权责任保险也是一种正在兴起的风险分担机制。

（4）转移风险。

知识产权风险本身是不可能从根本上加以消除的，但是可以通过各种方法转移给别的企业。国外某些跨国公司也通过外包业务来分散知识产权风险。

（5）保留风险。

指企业对风险承受度之内的风险，在权衡成本效益之后，不准备采取控制措施降低风险或者减轻损失的策略。

有些企业在经营活动中会忽略他们面临的部分知识产权风险，不会采取任何措施来管理某些风险。有研究发现，很多中国企业都不关心他们所面临的知识产权风险。

企业在确定具体的风险应对策略时，应考虑以下因素：

①法律、法规等方面的要求；

②企业的战略目标、核心价值观和社会责任等；

③企业对知识产权风险管理的目标、价值观、资源、偏好和承受度等；风险应对方案对风险可能性和风险程度的影响，风险应对方案是否与企业的风险容忍度一致；

④对应对方案的成本与收益进行比较；知识产权风险应对措施的实施成本与预期收益；有些风险可能需要企业考虑采用经济上看起来不合理的风险应对决策，例如可能带来严重的负面后果但发生可能性低的风险事件。

⑤选择几种应对措施，将其单独或组合使用；

⑥合理分析、准确掌握董事、经理及其他高级管理人员、关键岗位员工的风险偏好，采取适当的控制措施，避免因个人风险偏好给企业经营带来重大损失；

⑦结合不同发展阶段和业务拓展情况，持续收集与风险变化相关的信息，进行风险识别和风险分析，及时调整风险应对策略。

3. 制定知识产权风险应对计划

在选择了风险应对策略之后，需要制定相应的风险应对计划。风险应对计划要尽量与企业的管理过程整合。公司根据风险应对策略，针对各类风险或每一项重大风险制定。

企业应该根据风险分析的结果，结合风险发生的原因以及承受度，权衡风险与收益，选择风险应对方案，制订风险应对计划。

风险应对计划中应当包括以下内容：风险解决的具体目标，所需的企业领导，所涉及的管理及业务流程，所需的条件、手段等资源，风险事件发生前、中、后所采取的具体应对措施以及风险管理工具。

知识产权风险应对措施通常包括以下几种类型：

（1）资源配置类，指设立或调整与知识产权风险应对相关的机构、人员，补充经费或风险准备金等；

（2）制度、流程类，指制定或完善与知识产权风险应对相关的制度、流程；

（3）标准、指引类，指针对特定知识产权风险，编撰指引、标准类文件，供业务人员使用；

（4）技术手段类，指利用技术手段规避、控制或转移某些知识产权风险；

（5）信息类，指针对某些知识产权风险事件发布告警或预警信息；

（6）活动类，指开展某些专项活动，规避、控制或转移某些知识产权风险；

（7）培训类，指对某些关键岗位人员进行知识产权风险培训，提高其知识产权风险意识和知识产权风险管理技能。

4. 评估知识产权风险和策略调整

知识产权风险应对是一个递进的动态过程，需要根据内外部知识产权风险环境变化对制定的策略和措施进行评估调整，以确保措施的实时有效性。企业在制定知识产权风险应对措施后应评估其剩余风险（剩余风险是指预期采取知识产权风险应对措施后的知识产权风险）是否可以承受。如果不可承受，应调整或制定新的知识产权风险应对措施，并评估新措施的效果，直到剩余风险可以承受。执行知识产权风险应对措施会引起企业风险情况的改变，需要跟踪、监督有关风险应对的效果和企业的环境信息，并对变化的风险进行评估，必要时重新制订知识产权风险应对策略。

六、监督和检查

监督与检查是风险管理程序的一环，监测与检查的方式有定期或特殊的查核或监测。

企业应实时跟踪内外部知识产权风险环境的变化，及时监督和检查知识产权风险管理流程的运行状况，以确保知识产权风险应对计划的有效执行，并根据发现的问题对知识产权风险管理工作进行持续改进。知识产权风险管理的监督和检查环节使得知识产权风险管理流程形成可持续运转的闭环，是知识产权风险管理能够持续改进的不可缺少的组成部分。

企业知识产权风险管理监督和检查的内容可能包括：监测知识产权风险事件，分析趋势及其变化并从中吸取教训；发现内外部知识产权风险环境的发展变化，包括风险本身的变化、可能导致的风险应对措施及其实施优先次序的改变。监督并记录风险应对措施实施后的剩余风险，以便在适当时作进一步处理。对照知识产权风险应对计划，检查工作进度与计划的偏差，保证风险应对措施的设计和执行有效。报告关于知识产权风险变化、风险应对计划的进度和风险管理方针的遵循情况。实施知识产权风险管理绩效评估。（风险管理绩效评估应被纳入企业的绩效管理以及企业对内、对外的报告体系中。）

监督和检查活动包括常规检查、监控已知的风险、定期或不定期检查。定期或不定期检查应被列入风险应对计划。

适当时，监督和检查的结果应当有记录并对内或对外报告。

七、沟通和记录

1. 沟通

企业在知识产权风险管理过程的每个阶段都应当与内外部利益相关者有效沟通，以保证实施知识产权风险管理的相关人员和利益相关者能够充分了解企业面临的知识产权风险及其给企业带来的影响，正确理解企业知识产权风险管理决策的依据以及采取某些行动的原因。

由于企业各层级人员及相关利益相关者的价值观、诉求、假设、认知和关注点不同，造成其知识产权风险偏好和对知识产权风险管理的期望不同，这些对知识产权风险管理的决策和执行有重要的影响。因此，企业在知识产权风险决策过程和知识产权风险管理执行中应当与内外部利益相关者进行充分沟通，辨别并记录利益相关者的风险偏好，并保存相关记录。

为保障这种沟通能够顺利进行，企业应保证知识产权风险管理的责任部门能够与企业相关人员充分沟通，能够获取履行职责所需的相关记录或档案材料，并且与监管机构、立法及司法机关等外部利益相关者建立顺畅的沟通渠道。

2. 记录

在知识产权风险管理过程中，记录是实施和改进整个知识产权风险管理过程的基础工作。

建立记录应当考虑以下方面：出于管理的目的而重复使用信息的需要；进一步分析知识产权风险和调整风险应对措施的需要；知识产权风险管理活动的可追溯要求；沟通的需要；法律法规和操作上对记录的需要；企业本身持续学习的需要；建立和维护记录所需的成本和工作量；获取信息的方法、读取信息的难易程度和储存媒介；记录保留期限管理；记录保证信息的敏感性，考虑企业商业秘密保护。

第三章

专利风险管理

专利是受法律规范保护的发明创造，它是指一项发明创造向国家审批机关提出专利申请，经依法审查合格后向专利申请人授予的在规定的时间内对该项发明创造享有的专有权。

专利权是一种专有权，这种权利具有独占的排他性。非专利权人要想使用他人的专利技术，必须依法征得专利权人的同意或许可。

专利权具有地域性。一个国家依照其专利法授予的专利权，仅在该国法律的管辖范围内有效，对其他国家没有任何约束力。要想在中国之外的他国市场保护企业的发明创造，就需要到该国申请专利权。

专利权的法律保护具有时间性，中国的发明专利权保护期限为20年，实用新型专利权和外观设计专利权保护期限为10年，均自申请日起计算。

在科技创新主导的产业，专利风险是企业的主要风险。专利风险还与技术秘密、商标、著作权有很多共性，本书以专利为典型，对知识产权风险管理作全面、详尽的介绍；其他类型的知识产权风险管理则主要就其不同于专利风险管理的特性展开介绍。

第一节　专利创造风险

2008年颁布的《国家知识产权战略纲要》中，使用了知识产权的"创造"一词。笔者理解，之所以采用"创造"这个词，是因为这个词既包括了专利的发明、申请、授权，也包括了商标的设计、注册，著作权的创作、登记，商业秘密的内部保护等概念，更增加了战略指导下的有意识、有规划地获得知识产权的含义。

就专利而言，"创造"的核心理念是：专利的生产在一定程度上是可控的，事实证明，在吸引人的关键技术领域，绝大部分专利都是有计划有目的地创造出来的。

知识经济时代，专利丛林大量出现，依靠一项专利垄断一个市场的时代已经过去了，防御和进攻都需要专利组合。专利组合需要有目的地大批申请专利。在这种背景下，"专利创造"有特殊的意义。

在专利创造过程中会产生一系列风险，主要风险见表3-1：

表3-1 专利创造风险管理列表

风险节点	风险事项	基本描述	风险识别	风险评价	风险应对措施
研发	重复研发	其他主体已经进行了相关研发并申请了专利	技术情报收集；情报收集分析	人力物力时间浪费；研发失败	加强立项前进行查新工作
	侵权研发	研发成果商品化后形成的产品侵犯别人的专利权	专利布局信息收集分析	生产销售受阻；被诉风险增加	专利预警；停止研发；接权谈判；联盟策略；回避设计；宣告无效申请
	权属纠纷	发明人与企业之间专利权属纠纷	日常专利管理工作	失去专利权；影响人力资源管理	专利法律和企业专利管理制度宣讲；规范劳动合同
	合作研发	因合作伙伴缺乏诚信、合同权属约定不明等引起的发明成果权属纠纷	专利信息检索；市场信息收集	合作失败；成果外流；加剧竞争；增加法律纠纷	合理选择合作伙伴和合作项目；完善合作协议；加强合作过程监控
发明挖掘	对外公开风险	由于发明成果披露太早或者过度披露导致专利申请丧失新颖性	内部管理	专利申请失败；技术成果外流	加强技术秘密管理；加强科技论文发布管理
	内部挖掘不足	员工不发明成果已经完成的发明，或者不披露重要的技术方案	市场信息收集；内部管理；发明人专利管理师调研	技术成果外流；商务关系破裂；专利布局不到位	加强发明人的奖励机制；管理师的作用；建立和完善发明披露制度
	交底书不详尽	技术交底书撰写不详尽影响专利申请书撰写质量	内部审查	影响专利布局；影响专利质量	加强教育培训；加强内部审查
专利申请	专利申请书撰写不当	技术成果申请专利决策失误导致企业知识产权流失	专家咨询；内部审查	影响专利布局；影响专利质量	加强专利申请前的内部审查
	申请文件撰写不当	申请文件撰写不当影响专利的授权和专利质量	内部审查；外部监督；专家咨询	影响专利授权；影响专利质量	加强内部培训和专利申请文件撰写审查；加强专利代理人的监督
	答辩不当	应对专利权审查过程中答辩不当影响专利授权和专利质量	内部审查；专家咨询	影响专利授权；影响专利质量	加强教育培训；加强责任管理；加强理人沟通；加强专利代理人的监督
专利布局规划	布局不当	包括布局不足、布局过度，布局不当导致发明得不到适当保护	专家咨询；市场信息收集	影响专利运用	加强专利布局的规划工作；选择合适时间；选择合适地域；选择合适的技术空间；布局合适的数量；选择合适的布局策略

一、重复研发风险

经过多年的宣传推广，中国企业对研发项目查新有了足够的认识，重复研发发生的可能性越来越小，企业可以通过内部或外部的专利查新对该风险进行有效控制。

该风险的应对方法是加强技术情报的收集分析工作，特别是加强专利情报的收集分析工作。

据权威机构研究证明，在科研工作开展之前进行适当的专利检索，能够节省50％的研发费用和研发时间。专利文献具有更新及时、反应迅速的特点，全世界最新的技术总是首先出现在专利文献中，平均10年之后才会在大众媒体上出现。企业应该在科研项目立项前4~6个月开始查新工作，这样才有充分的时间去做检索调研。科研人员将检索到的资料提交专家组进行讨论，以决定是否开展该项目以及如何开展。这样就可以有效了解目前该技术在国内国际的状态以及专利布局状况，及时调整研发方向，避免重复开发。

二、侵权研发风险

如果企业在立项和研发阶段没有进行相关技术领域的专利布局研究工作，就有可能在专利产品生产阶段陷入竞争对手已经设定的专利雷区，影响企业研发成果的商品化，使企业的研发回报减少，甚至研发成果不能实现商品化，导致企业的整个研发项目失去意义。

侵权研发风险的识别非常难，因为涉及较大范围的专利信息收集和分析工作，要对研发项目相关技术和产品领域的专利布局进行全面详尽的分析，需要专家的深度介入。

很多国内企业对侵权研发风险认识不足，即使有足够的认识也没有适度的投入，缺少相应的技术和人才资源，所以该风险发生的可能性非常大。该风险一旦发生，应对难度也非常大，投入不菲，且很难根除，所以我们将其定为"重大风险"。

企业可以采取的具体风险应对措施：一是研发前的专利侵权预警，这种措施可以减少侵权风险；二是在发现风险专利时停止相关产品研发活动，这样可以从根本上规避风险，但对很多企业来讲，产品市场是固定的，技术研发方向也很难做简单的调整；三是开展风险专利许可谈判。每一项技术后面都涉及少说有几十项的专利，至于具体有多少专利，这一行业的专家也不一定能说清楚。因此企业要在研发立项前与专利技术拥有者商谈专利技术使用许可。专利许可谈判最好在立项前开展，一旦研发启动就会给企业带来谈判压力。

当然，如果企业专利储备可以对相关专利权人构成威胁，也可以通过交叉许可来获得相关专利使用权。企业也可以进行企业间的联盟合作，通过技术、市场合作化解专利侵权风险。

企业还可以针对风险专利提起专利宣告无效程序，从根本上避免风险的发生。但如果企业面临的是一系列风险专利时，无效专利的投入会很大，周期也会很长，会影响企业正常的生产经营活动。

回避设计是技术后进式研发企业经常采用的侵权风险应对措施，也可以通过回避设计绕过风险专利的保护范围。需要指出的是，回避设计有可能导致产品性能降低。

三、权属纠纷风险

权属纠纷也就是发明人的发明是否是职务发明，从而产生的发明人与企业之间的权属纠纷。此风险发生的可能性不是很大，因为是否职务发明国家法律有明文规定，但不排除有的企业内部管理不到位，致使本应属于企业的职务发明随着员工的离职外流。我们将此风险确定为一般风险，企业只要加强知识产权管理，加强劳动合同管理就可以解决。

四、合作研发风险

合作研发风险也就是企业研发合作（主要是产学研合作）中企业的知识产权权属等方面未能得到明确规范，导致资产流失、合作失败、自树竞争对手等风险。

合作研发是目前提升企业技术创新能力的一种重要形式，但企业的产品开发经常是多方努力的结果，因此各方在这个产品中可能都拥有一定比例的专利权。由于研发合同中未对知识产权权属和风险进行明确，往往导致形成的知识产权归属和使用范围等都存在风险。如果研发成果为多个权利人共有，且各个权利人均有实施能力，就该专利权的实施各权利人之间便不可避免地存在竞争关系，甚至演变成恶性竞争。

近年来产学研合作研发非常盛行，国内外企业共同投资研发的例子也不断出现，所以合作研发的权属纠纷成为不少企业关注的重点。涉外的产学研合作增多，大大增加了专利权属的复杂性。

该风险的应对措施之一是合理选择合作伙伴和合作项目。合作研发风险最主要的风险是合作伙伴的信用风险，在中国更是如此，所以企业在合作之初就应该委托律师做好调查工作，认真审查合作方的资质和信用，避免上当受骗。伙伴选择时要考虑候选伙伴的信用记录和经济实力，主要考虑对方企业的条件有技术条件，有无技术创新能力；经济实力，有无风险承担能力；领导水平，有无开拓能力和相对的稳定性；信誉程度。国外专家建议用"3C"的指导思想来选择伙伴，即相容性（compatibility）、接受力（capability）和承诺（commitment）。相容性不需要多解释；接受力可以从敏捷性、意愿性和能力三方面来分析；承诺主要检测本企业核心业务是否落入研发合作伙伴的核心业务范围，如果是，则将使自身的知识产权容易受到模仿。为避免和减少因信息共享和知识溢出引发的知识产权风险，应尽量避免选择核心营利领域与自己相近的企业，同时优先选择技术更新快的合作创新项目。

合作研发风险应对措施之二是完善各种合作协议，尽量用合同将双方的权利义务，特别是知识产权权属方面的权利义务明确。这些协议包括：合作协议、保密协议、不披露协议、非竞争协议、雇用员工协议、合作研发协议等。

基础的合作协议应该约定双方投入的资源以及在此基础上的权利义务关系，对投入的知识产权及合作创新将产生的知识产权均应评估作价，明确享有的权利，并实现权利义务的平衡。提高退出壁垒，强化规避道德风险的协议条款，提高欺骗成本防止相互欺骗和机会主义行为。同时采用动态合同机制，建立监督、检查机制。合同明确双方对于合作的贡献、在合作过程中的角色和创新的共享机制，明确出现不正当获取知识与技术纠纷的处理与补偿方式，明确在互相访问、参观等过程中可以到达的办公、生产区域。相对完备的契约能在相当程度上抑制信用缺失、逆向选择引发的知识产权风险。

风险应对措施之三是加强合作过程监管，即通过各种合作机制加强合作过程的监管，防止专利权属风险的发生。具体包括：

加强员工技术秘密保护意识，避免隐性知识不必要的外泄。企业全体员工都需要树立保护技术的信念，并在正式合作和人员日常交往中有意识地防止技术的不当流失。教导员工认识技术流失的严重危害性，告诉员工在进行合作过程中需要注意哪些技术保护项目，并向员工及时提供相关的咨询服务。在交往过程中，标明合作企业员工禁止进入或逗留的区域，联络人员要避免在事务性交往活动中提供不当的技术文件和谈论受到保护的技术主题，参与研发的人员则不要透露与该合作项目无关或者在合同规定的共享范围之外的技术，管理人员需要注意在同对方的谈判过程中不泄露企业的技术秘密。

加强文档和网络管理。知识是企业的宝贵资源，尤其是在员工个体和组织内的隐性知识。在知识共享过程中不免要涉及隐性知识的外在化，所以应当以一定的契约形式加以界定和明确显化，因此加强文档管理非常必要。企业在合作过程中要加强和完善本企业的科研设施、科技成果、科研资料的登记、管理制度和保密制度。如果是借助软件等开发工具，总结员工技能、经验和诀窍等，则要合理设计系统结构，加强网络管理，必要时对数据进行加密，以提高信息系统和文档系统的稳定性。

控制员工间的信息流通。必要的知识、文化和制度沟通参与合作的企业和人员可能由于专业、行业背景彼此不同，导致对合作伙伴共享知识的理解和接受产生差异，结果可能造成知识的破损，破坏了知识的完整性或篡改了原知识内容，最终带来知识产权的流失和泄露。如果在合作过程中采用"软件工程"式的阶段衔接配合，合作各方分别负责对应的子过程，则彼此间的衔接和沟通就更为重要。基于这种"知识接力"过程，合作各方需要进行一些必要的知识、文化和制度沟通，以避免由于知识破损形成的知识产权风险。当然在沟通过程中，要注意企业技术秘密和商业机密的保护。

不同知识资产分类保护。合作伙伴间签订保密协议并严格遵守，必要时仅共享子过程的过程信息。对于企业根据合同必须向合作方提供并允许共享的技术，主要保护该项技术只限于合作创新范围内使用，不得向第三方扩散，保护的主要手段是双方签订明确的保护条款。对于企业出于合作创新提供但合作方限定使用的技术，保护的主要手段是只提供那些已经申请获得了专利的技术。对于企业不向联盟提供的其他技术和知识，合作者通过参与试验、接触企业内部文件、同员工交谈、参加各种报告会等方式有可能获得这些技术，保护的主要手段是签订限制性条款，同时更重要的是提高企业自身及员工的保护能力。

建立定期检查制度。合作过程中，企业随时检查本企业的技术管理制度是否完善，是否得到有效遵守；定期或不定期检查双方的合作合同是否得到有效执行；从与对方员工的交谈中判断合作者是否获得了合同以外本企业的技术；对于流失的技术，及时进行交涉，挽回损失。

进行员工离职就业限制，防止在合作过程中出现人才流失和由此产生的技术等流失。合作双方应当以合同方式限制一定时期内员工在合作方之间的流动。例如约定在合作过程中，任何一方不得雇用对方员工，未经对方同意不得雇用最近两年从合作方辞职的员工；在合作终止之后两年之内，不得雇用对方员工，未经同意不得雇用从合作方离职的员工。

五、对外公开风险

专利授权需要新颖性，发明一旦丧失新颖性，就不能获得专利授权。在申请专利之前，企业不能对外公开发明的内容，否则就会存在申请专利失败或者丧失专利权的风险。

根据相关法律法规，现有技术公开方式包括出版物公开、使用公开和以其他方式公开三种。

专利法意义上的出版物是指记载有技术或设计内容的独立存在的传播载体，并且应当表明或者有其他证据证明其公开发表或出版的时间。符合上述含义的出版物可以是各种印刷的、打字的纸件，例如专利文献、科技杂志、科技书籍、学术论文、专业文献、教科书、技术手册、正式公布的会议记录或者技术报告、报纸、产品样本、产品目录、广告宣传册等，也可以是用电、光、磁、照相等方法制成的视听资料，例如缩微胶片、影片、照相底片、录像带、磁带、唱片、光盘等，还可以是以其他形式存在的资料，例如存在于互联网或其他在线数据库中的资料等。出版物不受地理位置、语言或者获得方式的限制，也不受年代的限制。出版物的出版发行量多少、是否有人阅读过、申请人是否知道是无关紧要的。

印有"内部资料"、"内部发行"等字样的出版物，确系在特定范围内发行并要求保密的，不属于公开出版物。

使用公开是指由于使用而导致技术方案的公开，或者导致技术方案处于公众可以得知的状态。使用公开的方式包括能够使公众得知其技术内容的制造、使用、销售、进口、交换、馈赠、演示、展出等方式。只要通过上述方式使有关技术内容处于公众想得知就能够得知的状态，就构成使用公开，而不取决于事实上是否有公众得知。但是，未给出任何有关技术内容的说明，以致所属技术领域的技术人员无法得知其结构和功能或材料成分的产品展示，不属于使用公开。

如果使用公开的是一种产品，即使所使用的产品或者装置需要经过破坏才能够得知其结构和功能，也仍然属于使用公开。此外，使用公开还包括放置在展台上、橱窗内公众可以阅读的信息资料及直观资料，例如招贴画、图纸、照片、样本、样品等。

以其他方式公开就是以出版物公开和使用公开之外的为公众所知的其他方式公开科技成果，主要是指口头公开等。例如，口头交谈、报告、讨论会发言、广播、电视、电影等能够使公众得知技术内容的方式。口头交谈、报告、讨论会发言以其发生之日为公开日。公众可接收的广播、电视或电影的报道，以其播放日为公开日。

该风险的应对方法一是加强内部的保密规范和管理，使科研成果在专利申请前处于保密状态。所谓保密状态，不仅包括受保密规定或协议约束的情形，还包括社会观念或者商业习惯上被认为应当承担保密义务的情形，即默契保密的情形。二是完善科技成果对外披露制度，特别是加强科技论文发布管理。科技论文发布对科技人员本人非常关键，但对企业专利申请却有不利的影响。企业要建立制度，严格管理，控制科技论文发布的时间、内容。

六、内部披露不足风险

如果员工不完全、准确地向企业披露其研发成果，企业的科技成果就会外流，专利权也会随之流失。

内部披露不足的首要原因是奖励制度执行不到位，第二个原因是对专利规则不了解，认为有的发明成果无关紧要，第三个原因是企业内部的发明成果披露机制不完善，没有专门的专利管理人员进行专利技术挖掘，也缺乏相应的制度和流程。解决该风险的应对措施有以下两个方面。

1. 建立有效的激励机制

建立专利奖励制度。对发明人、专利管理师都设立特定的奖励制度。对发明人的每一项发明，在内部披露、专利申请受理时、专利授权、专利技术实施等各个阶段都设定奖励。对专利管理师或者是知识产权部门管理人员，应该按照完成专利申请量和专利授权率来设定奖励。

有的企业建立了企业内部的优秀专利评比制度，将全部专利申请挂在内部网上，并在每个月或每季度评出专利申请优秀部门和个人，分别予以奖励和授予"专利之星"的称号，这种方法也很有效。还有的企业还建立了专利绩效考核评分制度，将设计人员的专利申请与其月度和年度绩效考核挂钩；将专利申请与项目的工作成果挂钩。

此外还应该增加精神奖励，评选各种奖项，发放各种荣誉证书。

2. 充分发挥专利管理师的作用

随着专利数量的增加，企业内部专职和兼职的知识产权管理人员会越来越多，企业应该设立专门的知识产权管理师职位，提高其管理职能，使其在专利技术发掘方面发挥主导作用。

专利管理师应该作为研发项目组成员之一，在项目立项之前就要参与进来，协助做专利检索，项目立项以后所开展的所有会议都要参加。这样才能把握项目研发进度和专利申请介入时机，保证专利申请产生的稳定性、系统性和及时性，使专利挖掘与项目进展保持同步，使专利产生的数量和质量都达到最大化。在条件不成熟的单位可以先行建立专利联系人制度。建立部门专利联系人制度可以将各部门的部门经理或技术骨干作为该部门的专利联系人，因为他们熟悉本部门的技术而且了解项目进度，可以及时发现专利，及时督促申报。

加强专利规则培训。对新员工在入职前进行知识产权培训，着重培养其专利保护意识和专利的基本知识。专利管理部门应该对工程部门员工进行必要的专利培训，主要培养其撰写专利交底书和文献检索的能力。日本松下公司要求研发人员每周必须至少看一篇竞争对手的专利文献，每半年内必须提交两份以上的技术交底书，完不成的话，年底扣奖金。并不见得每一份交底书都会去申请专利，其目的在于锻炼研发人员撰写交底书和文献检索的能力。国内企业也可以借鉴。同时组织技术部门对知识产权部门进行技术培训，加深知识产权部门员工对本企业技术的了解程度，做到有的放矢地去申请专利。

建立完善的发明披露制度。专利挖掘的第一步是加强企业内部的发明披露制度。如果企业的研发产生的技术成果没有向企业披露，企业就不知道这一发明，也就不可能采取保护措施，发明就有可能留在技术人员手中，在其离开企业后成为个人发明，申请专利或者作为技术秘密参与新的创业。这就是企业知识产权资产的流失。这种流失在国内企业，尤其是大型的国有企业中严重存在，国有企业四围星罗棋布相同营业内容的民营企业就是明证。

发明构想披露的主角是专利工程师，产出的产品是"发明构想披露书"。企业可以明确要求发明人填写发明披露表格。有些企业还通过局域网进行发明披露。有的企业会让专利工程师协助研发工程师填写发明披露表格，或者利用专利工程师死盯研发工程师的方式进行发明披露。

为了避免研发的创新技术丧失新颖性，及早抢得专利申请日先机，企业在新产品开发流程之初就应该推进专利构想披露工作，例如在产品开发初始阶段，要求产品经理必须将所负责开发的新产品特征，列于"潜在专利查核书"，以使专利工程师得根据相关的新产品特征，转而向研发工程师挖掘如何满足新产品特征的创新构想，进而要求研发工程师将具体的创新构想，披露在"发明构想披露书"当中。这样，就能通过新产品开发流程的制度化产生新发明的"构想披露书"。

要实现专利披露制度化，还有必要成立发明披露办公室。在企业内部专辟出办公区，作为发明人与专利工程师面对面沟通的场所。在这里，发明人可以向专业人员描述初步确定的创新概念，询问新发明是否符合申请专利的要件，进而方便发明人写作构想披露书。专利工程师不能取代研发人员自己发明，但有经验的专利工程师确能催生发明，能协助研发人员让发明涵盖的范畴更完整。此外，企业内的专利工程师除了撰写与分析专利技术外，还得要主动赴研发部门"挖掘有价值的专利"，进而尽速强迫安排发明人至"构想披露办公室"来披露其发明。

有的企业还实行"发明构想披露书"配额制，以激发不同部门以及同一部门工程师之间的良性竞争。企业规定研发人员每人每年必须提出至少一件有价值之专利构想披露书。此制度可以以小部门为单位，以其部门研发人员总数为目标，并将一年该部门应产出的构想披露书件数分为四个季度作成列表，在每一季度末公告并上报上层主管以供考评。累计达标率可以作为颁发相关部门奖金的依据。

推行"构想披露书配额制"，结果可能产生一些应付性而无实质价值的构想。但是企业在鼓励申请专利初期，"构想披露书配额制"还是很有意义的。

专利构想披露书的内容应包括：发明人、专利构想及获得成果的日期、解决问题之描述、实验数据分析、理论之分析、发明人，见证人签名及日期等。

资料：发明构想披露书范本

发明构想披露书

编号：

日期： 年 月 日

1.发明名称					
2.发明人及联系方式	1 第一发明人	姓名		电话	
		单位或部门		手机	
		电子信箱		传真	
	2 第二发明人	姓名		电话	
		单位或部门		手机	
		电子信箱		传真	
	3 第三发明人	姓名		电话	
		单位或部门		手机	
		电子邮箱		传真	

3.发明权属	本案成果归属	□非职务 □职务
	研究项目或计划名称	
	合作单位	□无 □有,_____
4.本发明最早记录	日期	年 月 日
	簿号、页数	研究记录簿号: 页数:
5.发明是否公开	请注明本发明是否已公开之确实情况、公开发表之时间及场所 □未曾公开发表过 □已公开发表 公开形式:□ 期刊　　　　　□学位论文　　　　□商品宣传 □技术研讨会　　　　　□展览 其他□ _____ 发表日期: 年 月 日 具体情况:	
6.在先技术调查	1	已检索到的专利数据
	2	相类似技术或其他已发表的文献:
	3	在先技术说明及其缺陷
7.本发明的特点	1	本发明的技术领域及创新目的: 发明领域: 创新目的:
	2	本申请案所欲解决之问题及其技术特点: 技术特点: 解决问题:
8.发明的详细说明及图示、最佳实施例		
9.本发明可能应用的范围	1	可能应用的产业:
	2	可能应用的产业:
	3	可能授权的公司:
10.建议申请专利类别	□发明 □实用新型 □外观设计	
11.建议拟申请法域及理由详述	□中华人民共和国　　　　□美国　　　　□ 欧洲各国 □日本　　　□韩国 □其他国家:	
	发明人建议优先申请国家的顺序 理由:	

12. 附件	已发表或即将发表的文献 已检索之专利数据 市场分析报告 本发明（创作）相关图表或表格 本构想披露书的电子文件 其他：

发明人签字 _____

日期：_____

七、交底书撰写不当风险

技术交底书是作出发明成果的工程技术人员向知识产权管理部门或者专利代理人提交的技术性文件，目的是为专利申请文件的撰写提供基本的参考文件。

技术交底书的质量影响专利申请文件的撰写质量，影响专利授权后的质量。风险应对的措施一是加强内部专利文件撰写的培训，二是完善内部的发明披露制度。

资料：技术交底书基本内容

技术名称。名称应简明、准确地表明本专利请求保护的主题。名称中不应含有非技术性词语，不得使用商标、型号、人名、地名或商品名称等。名称应与请求书中的名称完全一致，不得超过25个字，应写在说明书首页正文部分的上方居中位置。

技术领域：技术交底书应指出本技术方案所属或直接应用的技术领域。

背景技术：是指对本技术方案的理解、检索、审查有用的技术，可以引证反映这些背景技术的文件。背景技术是对最接近的现有技术的说明，它是作出本技术方案的基础。此外，还要客观地指出背景技术中存在的问题和缺点，引证文献、资料的，应写明其出处。

发明内容：应包括所要解决的技术问题、解决其技术问题所采用的技术方案及其有益效果。

有益效果：就是本技术方案和现有技术相比所具有的优点及积极效果，它是由技术特征直接带来的或者是由技术特征产生的必然的技术效果。

附图说明：应写明各附图的图名和图号，对各附图作简略说明，必要时可将附图中标号所示零部件名称列出。

具体实施方式：就是本技术方案优选的具体实施例。实施方式应与技术方案相一致，并且应当对权利要求的技术特征给予详细说明，以支持权利要求。附图中的标号应写在相应的零部件名称之后，使所属技术领域的技术人员能够理解和实现，必要时说明其动作过程或者操作步骤。如果有多个实施例，每个实施例都必须与本技术方案所要解决的技术问题及其有益效果相一致。

八、申请不当风险

在专利申请前没有经过严格的评审，致使不该申请专利的发明创造申请了专利；造成技术流失、成本失控、商务关系破裂等风险。应对的方法是加强专利申请前的评审，具体的评审内容包括：

1. 可专利性评审

这是专利申请评审最基本的内容，主要就有关技术是否属于专利保护的对象及范围和是否符合法律规定，是否符合专利授权"三性"的规定而作出评估。

首先要看发明成果是否属于专利保护的对象及范围。申请专利，必须先考察发明创造是否属于国家授予专利的范围。例如，根据中国法律规定，不授予专利权的发明创造有：科学发现、智力活动的规则和方法、疾病的诊断和治疗方法、动物和植物品种、用原子核变换方法获得的物质等。

发明专利保护的对象是"对产品、方法或者其改进所提出的新的技术方案。"一般来说，专利中所说的技术方案，是指运用自然规律形成解决某种问题的技术方案，它不要求有成形的产品或者实际应用，但必须具有实用性。在这个前提下，除去上面提到的五种情况，只要是属于技术方案，就可以认为是在发明专利保护的范围之中。

相比来说，实用新型专利保护的范围要窄很多，保护对象是"产品的形状、构造或者其结合所提出的适于实用的新的技术方案"，对于产品的配方、工艺、方法、用途，以及材料替换、系统、部分医疗器具、不涉及产品形状和结构的线路设计等都不予保护。

外观设计专利保护的不是技术方案，而是"产品的形状、图案或者其结合以及色彩与形状、图案的结合所作出的富有美感并适于工业应用的新设计"，这就是有的国家将外观设计专利独立立法规范的原因。

如果不符合上述三种专利保护对象的规定，则应考虑能不能通过其他知识产权法律或商业手段获得保护。专利不是保护创造的唯一手段，相关研究表明没有行业完全靠专利保护，技术秘密和交付周期是两个最有效的保护产品创新的手段。

其次是考虑发明成果是否具备专利的"三性"要求。尽管规定不尽相同，世界主要国家对专利（外观设计除外）的授权都有三性的要求。三性是指新颖性、创造性、实用性，专利三性，简称专利性。在专利法中，专利性是十分重要的内容，它是专利申请能否授权的最基本的条件。

根据我国专利法的规定，新颖性是指该发明或者实用新型不属于现有技术，也没有任何单位或者个人就同样的发明或者实用新型在申请日以前向国务院专利行政部门提出过申请，并记载在申请日以后公布的专利申请文件或者公告的专利文件中。创造性，是指与现有技术相比，该发明具有突出的实质性特点和显著的进步，该实用新型具有实质性特点和进步。实用性，是指该发明或者实用新型能够制造或者使用，并且能够产生积极效果。

授予专利权的外观设计，也有与三性很相似的要求，例如要求相关外观设计"应当不属于现有设计，也没有任何单位或者个人就同样的外观设计在申请日以前向国务院专利行政部门提出过申请，并记载在申请日以后公告的专利文件中"，就相当于新颖性。规定"授予专利权的外观设计与现有设计或者现有设计特征的组合相比，应当具有明显区别"，又与创造性很相似。

2. 潜在价值评审

就是评审有关发明是否具有市场前景或产业化价值。企业专利管理机构必须预测、分析该技术方案可能创造的市场前景、经济效益，再作出是否申请的决策。如果出于企业战略上的考虑而不想很快实施，或者市场前景与投资效益不明，那就要考虑有没有进行专利申请和布局的必要。

从产品生产的角度讲，专利的价值就来自能够帮助企业取得垄断的市场地位。评估人员应该考虑：新发明为客户带来附加值没有？新发明对新产品的生产能提供多少可能？相关或相似产品实际上或预计的毛利润和净利润有多少？这项发明和目前的方法比较起来如何？它是一相关商业成功产品的延伸吗？制造的过程已经证实了吗？企业有现成的顾客群及销售网吗？

从专利许可获利的角度讲，专利的市场价值源于其可许可市场的大小和潜力。评估人员应该考虑相关产品市场有多大？有没有其他的用途和市场？

从策略运用的角度，评估者应考虑：这项发明有关的产业界的关系如何？有没有竞争对手运用有关该发明的可能性？交叉许可的可能性有多大？

相关市场的竞争者数量，企业在竞争中的位置如何？竞争者的方向，他们看起来要进入相关技术市场？

专利在不同大小、不同行业的企业手中有不同的目的，小企业用专利吸引投资者，大企业的专利是保持战略地位的工具，所以要根据企业的具体情况考虑专利价值评估的指标设计。

如果新发明实用价值不高，但又不希望竞争者取得专利；既不打算自己实施、利用该项技术的专利来获取经济利益，又要避免对手取得专利后处于竞争优势，反过来限制自己发展，企业就可以考虑放弃申请，适度地公开该项技术。

潜在价值评审最好能进行定量评估，具体明确地加以审核，避免简单定性、粗浅判断。

3. 成本评审

申请专利的目的主要是获得经济利益，不是"为专利而专利"，也不是"为技术而专利"。所以在专利申请前，专利管理部门要会同财务部门检查成本问题，看企业有无足够的申请资金并维护、经营该项专利。企业要避免盲目申请专利，以减少不必要的人力、物力、财力的浪费。对大企业尤其如此，因为它们有成百上千的专利，专利的申请、每年的专利年费，以及专利管理、专利许可、专利诉讼都需要大量的资金。国际专利的申请和维护更是花费不菲。如果申请不当，原来看好的专利有可能变成纯粹的成本支出，这也是很多国际大企业最注重专利管理，不断淘汰无用专利的原因。

4. 进攻性评审

有时候，企业需要对有关发明进行进攻性评估。评审者应考虑：有关专利技术与竞争者的专利是否有互补和交叉？如果有交叉，那就可能在采取进攻措施（如诉讼）时被对方反诉侵权，最后只能交叉许可。

如果申请了专利，该专利的实施能受到多大程度的保护呢？不同行业对专利的适应程度不同，例如中药配方及时获得专利也很少有进攻性，因为实施者分布太广，企业不可能监视每个中医是否使用专利药方或者使用了多少次专利药方。

有多少潜在的侵权人？如果潜在的侵权人数太少或太多，专利的进攻性就会受限制。

不同的行业对专利的态度不同，例如生物制药和电子行业对专利接受度强，而传统行业对专利接受度有限。如果行业的大部分企业不习惯专利授权及专利许可，那企业要想积极实施其专利权就会受到很大阻力。

他人回避专利范围的难易度有多大？这牵涉预期能获准的申请专利范围，相对于在先技术与他人专利范围之间的比较。

5. 防御性评审

如果企业申请专利的主要用途是防止被其他企业起诉侵权或者进行交叉许可，那就要对有关发明进行防卫性评估。

防御性评估要考虑：该发明如获得专利授权，该发明专利对应的新产品的生产在多大程度上能付诸实施？该领域的其他企业有多少项专利？分布在谁的手里？在该领域竞争对手有多少专利？如果企业增加一个覆盖当前技术的专利，竞争对手关心吗？发明在高层次的观念层还是在具体细节的使用层？是基础专利还是外围专利？如此等等。

6. 可探测性评审

可探测性就是如果有人侵犯了自己的发明专利权，企业能否可以轻易找到证据。在这一点上，外观设计专利最容易探测，实用新型专利次之，发明专利最难探测；结构专利比组分专利容易探测；产品专利比方法专利易于探测；制造方法专利的侵权比检测方法专利易于确认。

专利本身的特点以外，专利的可探测性还与该专利发明所在行业有关，与专利侵权者的分布特点有关。

7. 可替代性评审

发明是否值得申请专利，还与该发明的可替代性有关。发明越是不可替代，则该发明申请专利后的阻遏能力就会越强，专利可替代性越高，则该专利被模仿或绕过研发的难度就越大，有关发明的价值就越小。

一般来讲，基础专利的可替代性很低，核心专利和关键专利的可替代性次之，外围运用性专利的可替代性最大。所以在专利申请前，企业应考虑是否有其他替代的技术正在研发；相关领域存在多少竞争性专利？其他专利及发明与计划申请专利的发明区别有多大，该发明对比其他专利有多大的成本或技术优势？别人如何对付这样的问题，使用别的方法解决专利涉及的问题有多难？

8. 可延续性评审

可延续性主要是指如果有关发明获得专利，该专利保护的技术很快无效的风险有多大？如果有关技术处在萌芽期，则该发明值得维持很多年，如果有关发明所处技术市场已到衰退期，则专利申请意义不大。发明专利审查授权就需要三年以上，如果可延续性不强，就没必要申请有关专利。

可延续性还与企业的研发力量配比有关。有的技术领域是企业盈利核心或者企业规划的潜在盈利核心，企业投入很大的人力物力资源，申请新发明为专利后，还会不断申请新专利形成专利组，形成独立的防御和进攻能力，这样的发明就值得申请专利；如果一个技术发明属于企业的边缘产业，且不属于基础发明，开发许可授权的潜力不大，那就没有必要申请专利。

专利的可延续性还与发明人有关。如果发明人有望在企业长期发展，还可以领导以后相关技术的研发，那该发明值得申请专利。如果有关发明人将离开企业或者已经离开企业，又没有适当的人继续研发，那就有必要考虑放弃专利申请。

9. 稳定性评审

专利的稳定性主要取决于有关发明与在先技术的区别有多大，在先技术是否容易被发现等。

企业没必要为技术围墙特别高的技术申请专利，因为这些技术能够用商业秘密保护，不必冒公开技术秘密的危险，也没必要支付额外的申请、维护专利的费用。

最需要保护的是简单的技术方案，特别是那些创造投入高、技术门槛低的技术。例如日立认为自动气流传感器从技术的角度看很容易被竞争对手所复制，所以他们为自己的传感器申请了专利。其他企业明白日立申请了许多核心专利权，因此不敢直接盗用日立的技术进行仿制，他们只能寻求更为复杂的方法绕过日立的专利权，这样他们的气流传感器价格高、质量差，市场竞争力就较弱，最后只能是日立产品的伴舞者，帮着日立开疆拓土，蚕食边缘市场。

10. 商务关系评审

任何企业都签订有各种技术合同，如技术合作开发合同、技术许可合同、技术转让合同、技术服务合同等，很多合同都有知识产权条款，跨国公司在这些条款中加入了很多限制性条件。例如微软就曾经禁止合作厂商为安装了Windows操作系统的硬件设备申请专利，直到近几年才解了禁；很多品牌厂商也会在外包协议中限制代工企业申请有关专利。在申请专利前，企业专利管理部门必须检查已有的技术合同，看是否有抵触或不利于与他人签订的技术交流、授权或销售合同的执行。

如果发明为多家企业共同研发，那就必须考虑该项研究的其他参与者对此发明的授权是否有兴趣。专利的技术内容公开之后，对与自己技术合作、经销代理的对象有什么影响？是否会影响与战略盟友之间的关系。

另外，法律要求专利说明书要达到相当的技术披露程度，如果申请专利进行的披露会使得企业违反与他人签订的保密条款，那就不能申请专利。

九、申请文件撰写不当风险

根据法律规定，专利申请文件主要包含三部分：说明书摘要、发明专利公开申请说明书、权利要求书。专利申请文件撰写的基本要求一是清楚，主题明确，目的、技术方案和效果相互适应，用词准确，说明书附图符合规定；二是完整，可以帮助专利审查人员理解发明或者实用新型不可缺少的内容，确定发明或者实用新型的新颖性、创造性和实用性所需的内容，了解发明目的、技术解决方案、有益效果，再现发明或者实用新型所需的内容，达到发明目的的技术解决方案的实施方式；三是充分公开，以本领域专业人员能否按照说明书的描述再现该发明作为标准。

专利申请文件撰写不当会给企业带来巨大风险。因为专利申请文件撰写的质量决定着该技术是否会获得专利授权，也决定了专利授权后的质量。

该风险的应对措施包括内部的培训教育，内部专利文件撰写质量监管，外部专利代理人撰写监管等。

十、答辩不当风险

专利申请提出后，国家专利管理部门会根据法律规定进行审查。审查过程中会根据情况与专利申请人进行交流。如果企业聘请了专利代理人，这个工作是通过专利代理人进行的。

专利保护力度和保护范围在很大程度上受到审查过程的限制，答辩是否到位决定了专利的质量。如果答辩不当，专利保护范围会受到直接影响。

该风险应对的方法是加强内部培训，加强内部专利质量控制，如果有代理人的话还要加强对专利代理人的沟通和监督。

十一、布局不当风险

专利布局指企业为了达到专利战略目标进行的适当广度和密度专利申请。换句话说，专利布局就是根据企业的专利战略，有目的、有计划地在适当的时间、适当的地域空间、适当的技术空间、用适当的方法申请适当数量的专利。

专利布局与近年来国外所谓的"策略性专利"或专利组合概念极为相近。策略性专利就是为了实现一定的竞争策略而申请的专利；专利组合就是在一定技术领域内相当数量的专利的总和。专利组合的形态包括技术标的的专利组合、不同地域空间的专利组合（专利族）、不同申请时间的专利组合等。

同时，专利布局也是一个目的性的专利组合过程，是一个动态的描述。企业的专利布局一直在变化当中，好的专利布局与企业的整体战略是相贴合的。在专利战略的运作当中，专利布局根据企业的联盟关系建立、专利的许可授权、专利的出售与并购一直在变化。

如果专利布局完整、成功，策略运用得当，则企业的竞争对手找不出技术或市场空隙容身，只能直接退出竞争市场或主动前来寻求授权专利。如果专利布局不当，则会形成技术得到保护的假象，给企业的整体运营带来风险。

专利布局风险的应对措施有：

（1）选择合适时间。

也就是选择在何时申请专利。技术的成熟度、竞争对手的研发程度决定了企业何时将研发的尖端技术从技术秘密转化为专利申请。

（2）选择合适地域。

也就是在哪些国家申请专利，形成全球化的专利布局网络，这在地球村形成、地球变成平面的今天尤其重要。

专利保护的范围仅限于该项专利的申请国家，跨出该国，该专利就不受申请国的保护，这就是专利保护的"地域性"。所以，要想获得一个国家或者地区以外的保护，企业只能申请国外专利。企业申请专利最常用的做法是"三地申请"：企业所在地申请、销售地申请、竞争对手所在地申请。

表3-2 各主要国家授权专利类型

国 别	种 类	期 限
中 国	发明	申请日起20年
	实用新型	申请日起10年
	外观设计	申请日起10年
美 国	实用发明	申请日起20年
	新品种	申请日起20年
	外观设计	授权日起14年
德 国	发明	申请日起20年
	实用新型	申请日起10年
	外观设计	申请次日起5年，期满延展3次，共20年
日 本	发明	申请日起20年
	实用新型	申请日起10年
	意匠	授权日起15年

（3）选择合适的技术空间。

也就是在哪些技术领域申请专利，任何技术领域都是复杂的三维空间，在哪个坐标点申请专利才可能达到战略目的是企业考虑的重点之一。

每项技术创新都有特定的宽度和深度，企业在申请时要做适当的评估切割，决定哪些技术是可以获得专利权的，哪些不能，哪些拿出去申请专利，哪些留下来做技术秘密保护。

有时候，企业会把核心技术的全部申请专利，形成一个由主权利请求和附带权利请求的庞大的专利权群。一些大企业是这么做的，例如IBM有一项专利申请书包含了200多项附带的权利请求。大家把这种专利叫"胖专利"，在法律意义上，每一项具体的权利请求都是一个单独的专利权。也就是说，虽然表面上IBM只申请了一项专利，实际上它获得的是200多项具体的专利。很多时候，企业的专利申请是有保留的，只将部分技术提出申请，而将关键技术不提出申请，或在撰写说明书时巧妙隐藏。

（4）布局合适的数量。

也就是专利密度的把握。专利丛林的普遍存在迫使企业专利布局越来越密，但是专利申请超过一定密度就是资源的浪费。据国家知识产权局研究，国外企业近两年在中国的专利申请数量下降，但专利布局却越来越细致。

有人形容专利应如一个松饼上的葡萄干，葡萄干（专利）并不需要布满整个松饼（市场，产品），但是，重要的是如何让人家没有办法吃到松饼而不碰到葡萄干。

（5）采用合适的布局策略。

专利布局策略与企业的大小、技术发展时期，企业在技术竞争中的地位（领先、先行、跟踪），是否生产型企业等因素相关，同时与企业的知识产权战略直接关联。不同的知识产权战略会产生不同的专利布局。

以声望为专利战略中心的企业，其专利布局的特点是申请基础和核心技术专利，需要时外围布局一定的专利来提高申请数量，提高社会关注度，不太在意专利申请质量。这些企业专利申请的地域空间主要在易于产生宣传效应的国家和地区，专利申请量不会太大。

采用进攻专利战略的企业布局特点是超前申请，占领技术高地，力争在新的技术标准中占有一席之地，地域布局主要在产品的主要销售市场。这些企业的专利申请量也不会很大，但比较注重专利质量。

采用防御性专利战略的技术先进企业一般会申请很多专利，步步为营、严密布防，既注重将自己的核心专利保卫起来，也注重在竞争对手的核心专利四围布局专利。采取防御性专利战略的技术后进性企业注意在竞争对手技术必经之地布局专利，即使这些专利与自己的企业的产品毫无关系。这些企业注重交叉许可潜力、布局的焦点在竞争对手技术相关的领域。

第二节　专利运用风险

专利的价值在于运用。专利权运用的方式主要包括：品牌营销、融投资工具、竞争杠杆、许可和转让。

随着知识产权宣传的深入，在大多数用户心中，知识产权成为高科技产品或高质量产品的标志，知识产权由此成了很多企业品牌营销的重要工具。

很多企业在产品上标示出有关的知识产权标志，除了警告潜在的竞争者勿轻易仿冒之外，还可以让顾客认识到该产品有相当的独特性和创新性，增加企业创新与正面的形象，增加顾客愿意给付的价格。很多国际跨国企业还用知识产权捐赠来提高企业的知名度与美誉度。

专利是一种合法的垄断权，所以一直是融投资的重要工具。知识产权是无形资产，在很多国家可以作为资本投资入股，成立新企业。将知识产权投资入股成立新企业的主要是个体发明人、教研机构，也有大型企业。专利权质押是指债务人或第三人将拥有的专利权担保其债务的履行，当债务人不履行债务时，债权人有权依法以该专利权折价或者以拍卖、变卖该专利权的价款优先受偿。近几年，在政府的倡导下，中国的专利质押贷款发展迅速，其中风险也日益突出。

专利还可以作为企业间竞争的策略性工具。利用专利打击竞争对手、减少竞争压力是近年来国际专利运用的主要方式，专利战就是如此。

许可和转让是专利运用的第四个途径。专利许可和转让可以产生纯利润，很多专利资产巨大的企业在这方面的成绩可圈可点，IBM就是很好的例子，该公司每年专利许可费高达10亿美元。一些没有生产能力的研究机构更是将专利许可和转让作为专利运用的唯一途径（见图3-1）。

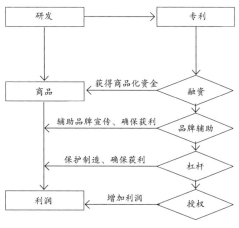

图3-1　专利运用途径关系图

专利运用的主要风险见表3-3:

表3-3 专利运用保护风险列表。

风险节点	风险名称	基本描述	风险识别	风险评价	风险应对措施
品牌宣传	标识风险	由于专利产品、产品包装及其说明书上的专利标识错误给企业造成行政处罚等方面的风险	内部检查；外部举报	行政处罚；商誉损失	加强内部监督检查
	权利瑕疵	权利不稳定或存在侵权导致专利被宣告无效影响品牌	内部审查	商誉受损	专利甄选
融投资	价值评估风险	由于价值评估不当导致资产流失	专家咨询	价值流失；融投资失败	专利团队；选用科学适当的方法
	权利瑕疵	权利不稳定或存在侵权导致融投资失败	专家咨询	融投资失败	专利甄选
竞争杠杆	权利瑕疵	权利不稳定或存在侵权导致竞争策略失败	专家咨询	专利被无效；竞争策略失败	专利甄选
	策略不当	由于竞争杠杆策略不当导致竞争风险	专家咨询	竞争策略失败	内部规划
专利许可和转让	权利瑕疵	权利不稳定或存在侵权导致专利许可或者专利转让失败	专家咨询	许可/转让失败	专利甄选
	价值评估	价值评估不到位导致资产流失或者许可转让失败	专家咨询	许可/转让失败；价值流失	专家参与；选用科学适当的评估方法
	许可对象选择不当	遭遇收益低、亲诉争或者不诚信的许可对象导致风险	专家咨询；尽职调查	许可失败；许可成本增加；许可收益很少或者没有；诉争风险	许可对象选择
	转让对象不当	选择不诚信的转让对象导致风险	尽职调查	转让失败；转让成本增加收益降低；技术秘密流失	事前尽职调查
	许可策略不当	许可方式不当导致资产流失或许可失败	专家咨询	资产流失；许可成本憎加、收益降低；许可失败	选择许可模式；设计合适的收费模式；项目推广；利用代理；注意技巧
	购买或者接受许可决策风险	由于决策前尽职调查不足导致的资产流失风险			尽职调查；价值评估
	合同风险	专利许可或转让合同内容缺陷导致资产流失	专家咨询；内部合同控制审核	资产流失；许可或转让失败	合同审核；谈判
	权属变更风险	专利权转让、许可、质押后没有根据法律进行登记备案	内部审查专利管理部门咨询	权属没有发生转移；质押没有生效；接受许可方的权利实施受到影响	及时办理专利权属转移手续；及时备案；及时进行质押合同登记

一、错误标识风险

法律规定，在授予专利权之后的专利权有效期内，专利权人或者经专利权人同意享有专利标识标注权的被许可人可以在其专利产品、依照专利方法直接获得的产品、该产品的包装或者该产品的说明书等材料上标注专利标识。所以很多企业的产品上及其说明书中都有专利标识，高科技产品更是如此。

标注专利标识的，应当标明下述内容：采用中文标明专利权的类别，例如中国发明专利、中国实用新型专利、中国外观设计专利；国家知识产权局授予专利权的专利号。除上述内容之外，可以附加其他文字、图形标记，但附加的文字、图形标记及其标注方式不得误导公众。专利权被授予前在产品、该产品的包装或者该产品的说明书等材料上进行标注的，应当采用中文标明中国专利申请的类别、专利申请号，并标明"专利申请，尚未授权"字样。

在鼓励合法专利拥有人标注专利标识得同时，法律严禁假冒专利的行为。假冒专利的行为包括在未被授予专利权的产品或者其包装上标注专利标识，专利权被宣告无效后或者终止后继续在产品或者其包装上标注专利标识，或者未经许可在产品或者产品包装上标注他人的专利号；在产品说明书等材料中将未被授予专利权的技术或者设计称为专利技术或者专利设计，将专利申请称为专利，或者未经许可使用他人的专利号，使公众将所涉及的技术或者设计误认为是专利技术或者专利设计等。

该风险的应对措施是严格专利使用管理，定期检查修改有关专利标识。

二、权利瑕疵风险

专利权存在瑕疵就意味着容易被竞争对手宣告无效，专利运用就失去了基础，会对专利运用的各个途径都造成风险。专利瑕疵包括专利不稳定或者专利技术相关的产品存在侵犯其他主体的专利权。

专利瑕疵风险的应对方法：一是严格申请流程，保证专利质量；二是加强专利运用前的审核；三是建设企业自己的专利储备，设计高质量的专利组合，防止其他企业提起的法律纠纷。

专利运用的各种方式都有专利瑕疵的风险，但应对措施大同小异，所以不再一一分析介绍。

三、价值评估风险

专利作为投融资工具，专利转让与许可都会面临专利评估风险。专利评估属于无形资产评估，与有形资产评估有很大不同。专利评估应该考虑知识产权的几个特性。

第一，知识产权的价值更加依靠于拥有者或者购买者的结构性资产或补充性资源，或者说"背景"。知识产权本身不会产生什么价值，在运用后，才会依附于产品和服务产生价值增值。拥有不同结构性资产的知识产权所有人对知识产权价值的认知也很不相同。同一个知识产权所有人，采用不同的方法运用知识产权，产生的价值也不同。

这样，在知识产权评估中，就需要更多地考虑知识产权拥有人或试图购买该知识产权的主体，必须针对不同的主体确定不同的评估方法，适应不同主体不同的运用需求，得出不同的或者说差别很大的价值评估结果。

由于知识产权评估要考虑相关主体的背景、知识、技术秘密，补充性商业资产，市场能力等因素，故知识产权评估需要量体裁衣，个性更强。

第二，所有知识产权都是独一无二的，找到两个完全相同的知识产权是非常困难的。有形资产，特别是工业化的产品和服务，个体之间差别很小，例如手机、电视机，同一厂家同一型号的产品没有什么区别，即使是不同型号不同厂家的产品，差别也是寥寥。区别不大，价值评估就容易，因为个体之间或群体之间的比较非常容易。

无形资产则不然，不但不同的知识产权类型价值差别巨大，就是同一种知识产权类型的不同个体，其价值差别也很大。同样是专利，核心专利与外围专利的价值差别不可以道里计。这样，在价值评估时，评估就找不到或者很难找到参照物，很难建立评估价值体系。

第三，知识产权可以被不同的主体同时运用，同时产生多条价值流。例如，同一个商标可以授权很多企业使用，连锁的企业就利用商标的这一特性建立庞大的利益同盟。专利也是这样，既可以自己运用，也可以许可给很多主体用不同的方法运用。在产生多条价值流的同时，知识产权还有一个特点，就是其价值与其运用成正比例成长，也就是说，运用越多，价值越高。这一点与有形资产有本质区别，有形资产的价值随着使用而下降，"二手货"的价值远远低于新商品，一辆新汽车的价值往往是旧车的两倍或更多。知识产权则不同，"二手"知识产权因为运用增加，得到更多主体的认可，其价值会成倍增加。这样，在知识产权价格评估时，必须考虑知识产权的多条价值流的特性，考虑知识产权价值随着运用增加的特性。

专利评估存在很大困难，评估不到位会给企业带来巨大的风险，包括资产风险和经营风险。

应对评估风险的方法：一是组织专家团队，这个团队应包括技术专家、法律专家、市场专家、财务专家等。各方面的专家协同工作，才能减少专利评估的误差。二是综合运用多种评估方法。专利价值评估的方法有几十种，在不同的运用环境下采取不同的评估方法，有时候还采用集中方法综合衡量专利的价值。至于适用哪种方法，企业应该根据具体的情况作出选择。

四、竞争杠杆策略风险

将专利作为竞争杠杆在专利运用方法中比较复杂，涉及企业的整体战略、商务关系、市场运作、舆论控制等方面，需要全面规划，策略运用不当就达不到预定的效果，还会造成商誉下降、市场营销失败、败诉等风险。

该风险的应对措施主要是加强决策控制和规划。

五、许可对象风险

专利许可是否成功，除了专利质量外，还涉及专利许可对象的选择。不同的企业有不同的企业文化，有的不怕诉讼，有的则讨厌或者回避诉讼。有的愿意接受专利许可，有的则没有接受专利许可的历史。

如果专利许可对象选择不当，专利许可就可能增加成本、面对诉讼风险，也可能许可项目完全失败。

应对专利许可对象风险的方法主要有四。首先，企业要排除有利益冲突的潜在授权对象，如合资企业、供应商、下游合作伙伴等。其次，企业可以先围绕与专利相关的核心业务进行搜索，然后再向外围拓展搜寻。一般来说，与企业的核心市场关系越密切，专利授权价值越高。企业可以对自己产品领域的上下游企业下手，选择与自己没有合作关系的企业开刀。再次，企业要积极寻找新用途市场许可。一些早期基础的专利技术可以对企业核心产品以外的别的行业有用，这些行业的企业与本企业没有竞争合作关系，收取专利许可费不会损害企业核心业务，所以许可时可以放开手脚。最后，企业可以利用专利地图取得的引证数据找出可能的侵权者及授权对象，并试着与其谈论授权事宜。

六、转让对象不当风险

专利转让对象选择出现失误，主要是选择了资质不足、信用较差的企业作为专利转让对象，导致专利转让失败或者造成资产流失。

该风险的应对策略是加强专利转让合同签订前的律师尽职调查工作，选择商誉良好、财务状况好的企业作为专利转让对象。

七、许可策略风险

专利许可是复杂的系统工程，如果许可策略出现问题，就会面临许可失败、成本过高、收益不理想等方面的风险。该风险的应对措施主要有以下几个方面。

1. 选择许可方法

专利许可可以分为独占许可、排他许可和一般许可。独占许可指受让人在规定的范围内享有对相关的专利技术的使用权，让与人或任何第三方都不得同时在该范围内具有对该项专利技术的使用权。排他许可与独占许可相比，主要不同点是许可人可以使用该专利。一般许可则是许可人自己可以使用该专利，也可以授权其他企业实施该专利。独占许可实际上等同于专利转让，所以数量少；生产性企业一般会采取排他许可的方式，保留自己的使用权。为了将专利利润最大化，一般以专利为主要利润源企业会选用一般许可，充分开发专利作为无形资产的特殊价值。

企业可以根据自己的许可目的选择不同的许可方法。

2. 选择许可模式

总的来说，专利许可有两种模式，一是大棒模式，二是胡萝卜模式。前者是指利用硬性律师函和诉讼来强制授权的模式，采用非独占许可模式，授权的核心是专利，很多情况下是裸许可，不提供技术支持；后者是指包含专利的技术转移模式，主要通过协商对话、许可谈判和技术服务达到许可目的。

大棒模式主要是由专利许可企业使用，原因是很多涉嫌侵权的企业收到小企业或个人发明者的许可函都不会回复。许可函对同时提供技术诀窍的许可有用，对只有专利、专利律师的专利许可公司不适合。

大部分生产型企业虽然认为提供侵权证据、专利请求权项表和律师函对授权非常必要，但是只有少数实际上用到大棒模式，大部分企业只使用软性授权信件或者软性权利主张方法。有的生产性企业在本行业以外许可专利也使用大棒模式。

选择许可模式，需要考虑企业文化、企业的风险承受能力以及知识产权侵权诉讼在相关行业的流行情况等因素。

一般来说，通过大棒模式产生的回报是胡萝卜模式的2~4倍，但需要更多时间。

3. 收费方案设计

专利许可费设计对专利许可具有很重要的意义。有的企业按件收取许可费，有的企业则按被许可企业的营业额的一定比例收取许可费。

资料：高通"捕获期条款"

美国的高通公司是无线通信领域的巨头，但该公司绝大部分收益来自专利许可。高通专利许可的成功与其专利许可收费模式设计很有关系。

"捕获期条款"是高通公司典型许可协议的一部分，规定授权厂商对所销售的产品向高通公司支付的专利费率在协议期间保持不变，即使被许可的高通公司专利数量有所增加。

这意味着在许可协议期间，制造和销售单模或多模CDMA产品（如单独CDMA2000或WCDMA，或结合OFDMA或GSM等其他技术）的被授权方有权使用所有高通公司新授权的核心专利。

高通公司从专利许可计划一开始就投入大量精力和资金为其芯片和软件获得交叉许可，从而使客户在不承担额外专利费的条件下受益。在某些情况下，高通公司会从其他第三方主动争取可以使授权方和最终用户受益的专利，从而扩大WCDMA和CDMA2000市场的产品应用和功能。

4. 注意项目推广

要将专利成本中心转化为利润中心，企业需要将专利当作一般商品来进行营销，将专利许可作为一个项目来进行推广宣传。推广宣传的方式有：

（1）点对点营销。就是找到专利许可对象，直接与该企业进行商谈。

（2）参加专利交易展览会。国内有各种技术交流会、发明展览会，企业可以积极参加，通过展览介绍与专利使用者或潜在的使用者进行讨论和交易。

（3）参加专利交易网络市场。现在专利许可的网站很多，例如，美国的yet2.com由全球许多企业或团体所共同建立，是第一个在网络上购买及销售技术的全球化市场，虽然yet2.com 成立的时间不长，且依赖使用者的力量来产生需求，但其代表了一种可能有效的商业模式，可有效节省时间和费用。经由网络来授权和取得前沿技术慢慢会变成未来必经的一个步骤，可以持续扩大知识产权运用的深度、广度及价值。

（4）通过专利代理商推广。专利一般会涵盖许多前沿技术，因此需要一些人指出特殊的卖点并提供技术给有兴趣的公司，解释需求和市场的发展性。专利代理商的第一要务就是需要做好技术和专利分析，让他人能全面了解内容和专利的价值所在。

（5）广告营销。和其他产品项目一样，企业也可以通过广告来对专利许可进行推广。专利可被当成商品在市场中贩卖，当然也可以通过电视、报纸、宣传单、播放影碟和光盘或其他媒体来进行促销。

5. 利用代理

如其他资产的运作一样，专利许可市场也出现了许多"代理经销商"，而且，随着知识产权的日益细化和爆炸性增长，专利代理的需求会越来越大。具体说，专利经销商发展的原因很多，主要原因有三个：一是专利许可的专业化。专利许可风险很大，如果处理不当，不但专利许可费收不来，有时候还会诉讼缠身。如果将专利许可的业务交给一家由技术专家和法律专家组成的专利许可公司，那就可以大大减少风险。二是专利许可证市场的全球化。这就要求一个企业在全球范围内"推销"自己的产品，像以前推销其有形的商品一样，在国外许可专利最省钱的办法无疑是"本土化"，在当地寻找许可代理商。三是专利侵权诉讼的全球化。有时候，收取专利许可费就必须以专利侵权诉讼为最后摊派的方法，而诉讼资源（法律专家）是以国家划分的，一个国家的法律专家到另一个国家可能成了门外汉，所以要降低侵权诉讼成本和专利许可成本，国外的企业只能选择代理人。

6. 注意技巧

在专利许可项目推广的过程中，企业会总结出一些具体的专利许可技巧，包括：

（1）软硬兼施。专利许可企业很多时候会起诉一部分侵权企业，通过诉讼威慑其他企业，促进许可业务的推进。在提起诉讼的同时，许可企业发送许可邀请函，内容包括专利简介、专利范围、专利侵权行为、在诉被告等内容。诉讼一有结果就及时将诉讼结果告知有关被许可方企业。如果试探失败，有三种选择，一是马上将拒绝接受授权的企业加入被告名单，二是另外起诉，三是等原诉讼有了一定结果再起诉。

许可企业确定许可费率需要小心，因为许可费是侵权赔偿的参考标准。

（2）低开低走。选择低许可费又称作收取"麻烦和解金"。研究者认为，专利诉讼对小的技术公司成本太高了。在美国，无论是原告或被告，进行一场美国专利诉讼，一年要100万至150万美元，专利许可公司如果只收取10万美元，那就得不偿失；在中国，各种费用加起来也是很大的数目。关键是诉讼会让中国企业的管理层分散经营精力，影响市场拓展。所以如果价格合适，很多企业就会接受许可，避免诉讼风险和成本。很多专利持有公司非常成功，即使他们的专利有问题，就是得益于此。

（3）单点突破。专利许可企业可以先向行业的领导公司授权，在获得市场领袖公司的承认之后，专利的稳固性得到一定的证明，专利的经济价值也会大大提升，向其他企业许可也会顺风顺水。

案例：华为专利运用

在知识产权运用方面，华为知识产权风险管理的核心工作就是利用自己的专利储备与各领域的竞争对手签订交叉许可协议，减少专利许可费的支出，在控制知识产权风险的同时积极开拓美、欧等核心海外市场。

专利风险从华为走出海外市场第一天开始就出现了，直到现在也没有结果。但在2005年、2006年，华为遭遇了来自诺基亚、阿尔卡特、西门子等国际通信巨头的轮番攻击，有些甚至一次性拿出200多个专利找华为谈判。华为正是在这种巨大压力下，加强了研发的投入，使得专利拥有数量近两年来成倍增长，逐步突破了国际市场的专利屏障。

为了应对知识产权许可方面的风险，华为在2006年4月、5月组织了庞大的知识产权分析队伍，在上海封闭了几个星期，分析对方的专利，找出应对的措施。最后还是按照任正非"占不了山头，占山腰，占不了山腰，就围山脚"的指示，一方面与国际通信巨头慢慢调解，另一方面要求华为内部发起专利攻坚战，在专利数量有所突破，以期找到反击的机会。尽管采取了很多措施，但相比国际巨头，华为实力还是太弱，在知识产权方面也难免有需要购买专利许可证的时候。据报道，华为已经与业界主要厂商和专利权持有人签署了数十份知识产权交叉许可协议，每年支付3亿美元左右的专利许可费，以获得业界其他公司专利技术的合法使用权。

八、合同风险

专利许可和买卖是一个持续时间长、执行监控难的合作，关系到企业的核心或者重大利益，所以需要非常详细到位的合同约束。合同内容不当会使企业面临许可转让失败、企业资产流失等风险。

该风险的应对方法主要是加强合同签订前的审查。

专利许可协议是商业合同中最复杂的合同之一，因为其中除了一般合同要求的基本条款外，还有很多一般合同不必考虑和约定的条款，而且这些条款涉及的利益甚巨，如果约定不明或者没有约定，那将会影响双方数百万乃至数千万的利益。专利合同还是一个持续性合同，要在长时期内一直履行，如果引起争议，就会前功尽弃，最后双方只好上法庭诉讼，劳神费力更费财。所以，在此对专利许可协议中的关键条款作介绍，主要从被许可人利益保护的角度进行一定的探讨。

1. 许可的标的

知识产权与传统的财产权不同，它的权利不是简单的一项，而是"一束"，也就是说，是权利群。就著作权来讲，就包括出版、发行、租借、翻译、演绎、表演等权利。专利权也不例外，在每一项专利中，具体可授权的权利项包括：生产、销售、销售展示、进口、使用等，方法专利更加上禁止生产、销售、销售展示、进口、使用用专利方法生产的产品等。另外，很多专利技术还可以在不同的产品中应用，专利还具有地域性，所以，在签订许可合同时，双方必须明确：专利许可人到底将哪些权利授权给被许可人？授权被许可人利用技术制造什么产品？授权被许可人在什么范围内销售和使用专利技术？这些在许可协议中必须明确，以避免在日后履行协议时引起争执。

这种"细分化"专利许可标的的方法对中国需要引进专利技术的企业非常重要，因为这样就可以实现"按需订购"，产品不出口，就没必要取得出口权，地域许可也可仅限于中国本土；专利具体使用领域的限制也能省一笔开支，比如说生产与电视机联合使用的DVD机的企业，就没必要获得生产电脑DVD光驱的授权。

对许可商来说，他们当然是喜欢"一揽子授权"，既方便省时又能卖个好价钱。这好比论筐出售水果，水果商当然愿意，无奈消费者无法消受，更何况筐里面肯定有不少歪瓜裂枣、破梨烂桃。所以，接受许可的中国企业一定要严格审查国外许可方提供的专利组合，将无用的或者可替代的专利尽量排除在外，以降低生产成本。

现在的专利都是"胖"专利，专利许可人一般都不会对单一的专利技术进行授权，而是根据可能产生的产品和服务将这些专利技术和非专利技术一起打包许可，被许可人只有权利说接受和不接受，很少有一一认证评估的机会。这是今天接受专利组合的中国企业应该注意的，因为"一揽子授权"往往存在强买强卖行为，专利授权者会通过专利组合逼着被授权者为自己不需要的专利埋单。

2. 专利所有权

被许可人一定得注意，作为许可标的专利到底是属于什么人或法人的？很多国外的企业用不同的主体申请专利，这给专利被许可人的利益造成很大威胁，因为这样会引起混淆，不大容易确定"专利主"。在接受许可时被许可人一定要检查许可人的权属证书，可能的话要将该证书的复印件作为合同的附件，免得在接受授权后被第三人起诉。如果发现专利许可人并不拥有该项专利，或者并不拥有其授权的专利组合中的某项专利的所有权，那被授权人一定得要求许可人提供其有权进行专利分许可的有关协议。

另外，专利转让协议执行过程中产生的新专利的归属也应该在协议中明确界定。在许可协议执行过程中，作为合同标的的专利产品或者专利方法常常会被做各种各样的改进，这些改进后产生的专利权的所有权归属是最难解决的问题。可能遇到的问题包括：谁有权对专利产品做后续的改进？谁是改进后的专利的所有者？如果专利的改进权完全属于许可方，或者完全属于被许可方，或者是由双方合作完成的，如何解决所有权问题？因此双方应该就这些问题作出成功的协商并将解决方案写入协议，这样，到这些后续开发的专利归属发生冲突时，就可以简单根据合同协商，而不必因此起诉到法庭，探讨所谓的公平或平等互利的法律原则。

3. 价格条款

价格条款是任何合同或者协议的核心条款。如何计算专利许可费？专利许可费什么时候支付？这些都是值得认真考虑的问题，一定不能怕琐碎，因为专利许可费的数目往往很大。

专利许可费一般是按产品销售额乘以一个固定的比率，但有时也会涉及按照一个比较"复杂"的公式来计算。这就要求没有参加起草许可协议的一方睁大眼睛，注意合同中的数量和算术表达式，防止被欺诈。

支付价款的方式也很关键，因为这是实现权利的具体步骤。价格条款的措辞一般都相当严格，专利许可合同要对如下方面作详细规定：（1）付款方式；（2）会计报表披露；（3）利息和利息计算方式；（4）账簿、记录和审计程序。

4. 独占许可条款

国内企业一定得理解专利许可协议中"独占"的含义。根据惯例，除非有特别的协定，"独占许可"意味着许可方自己也不能实施被许可的专利，只有被许可方才能实施被许可的专利技术，包括许可方在内的其他任何人都无权实施。中国法律的解释是："独占实施许可，是指让与人在已经许可受让人实施专利的范围内无权就同一专利再许可他人实施或者自己实施"，这对于不了解法律和国际习惯的中国企业来说肯定是个意外。如果专利许可方自己也想保留专利使用权，就不能用"独占许可"的字眼，或者在签订许可协议时作出相反的约定。对自己保留实施权的专利许可，法律名词是"排他性许可"，即"是指让与人在已经许可受让人实施专利的范围内无权就同一专利再许可他人实施"，这里，许可人自己可以保留使用权利。

如果享有独占许可，就实际上拥有了一项专利，所以国外企业一般不会同意签订这样的许可协议；除非为了垄断一个地域或产品市场，中国企业也一般没必要请求获得独占许可，因为那样成本会比较高。

5. 逆向许可条款

在技术许可协议中，许可方一般都要求"逆向许可"。所谓逆向许可，是指许可合同的被许可人承诺将对该专利技术改进后获得的专利反向许可给原专利权人。这种条款的目的就是控制技术的发展方向，限制被许可人的技术自由发展，用最低的代价获得后续专利技术的发展成果。

虽然这种条款有垄断技术和妨碍技术进步之嫌，受到各国反垄断法律的限制，但一般而言，只要一个逆向授予条款不是针对一个独占许可的，法院就会放行。但是，如果专利许可方要求被许可方将该技术的后续专利独家许可给它，那这种逆向许可条款就会受到法院的怀疑，因为这很大程度上是一种技术掠夺。法官会仔细审核该逆向授予条款是否合理，是不是增加了专利权人的垄断地位，是否增加或减少了专利权人和专利被许可人对技术的研发动力。

由于逆向许可条款是每个技术合同必须具备的条款，所以随着中国企业技术开发能力的提高，中国的被许可人会越来越多地向国际企业进行技术"倒灌"。这时就应该关注逆向许可条款的具体条件，逆向许可条款的价格问题，以及"专利主"不合理的垄断技术的要求。

6. 顺向许可条款

和前面讲的逆向许可条款一样，这种条款也是对后续技术开发的约定。不过这一次是专利许可方向被许可方提供新的改进后的专利技术。

根据顺向许可的约定，专利权人将对已许可的基础技术的改进以许可的方式授予原专利技术的被许可人。具体而言，专利权人一旦对专利技术作出了某种程度的改进，就应该通知专利被许可人，然后把该改进后的技术或专利加到原技术许可合同中。一般来说，技术合同会具体约定专利权人在进行顺向许可时该得的额外专利许可费数额或者计算方法。

这一条款和逆向专利条款一同出现的话，就体现了一定的技术共享的公平原则。但关键是如何确定什么样的技术需要顺向许可？如果专利许可人坚持这是毫无关系的新技术时，那专利被许可人就不能按合同以优惠的条件取得该技术或专利。所以，如果可能的话，作进一步详细的约定是必要的。

7. 专利权有效性条款

就是在许可协议中要求被许可人承认专利的有效性的条款。比如："乙方（被许可人）认同许可使用的专利是有效的，是可以行使的。……对于任何与许可使用的专利有关的权利要求，乙方在任何时候都不应该直接或间接地反对授予权利，不应该直接或间接地对权力的有效性和可实施性提出异议。"

也就是说，只要你签订了这个协议，那就说明你认可了我的专利，以后不能以专利无效来寻求摆脱，不能反悔说这个专利不具备可实施性。可事实是，专利是否有效，不是由合同决定，也不是被许可人认可，更不是专利授权人一厢情愿就能解决的，而是要通过专利局的复审或者专利法官的审查。所以，在美国这样的条款基本上是无效的，法官认为这样的条款"有滥用专利权的嫌疑"，而且包庇了专利权人在申请专利过程中可能存在的欺诈行为。

当然，也不是说这样的条款是吓人的"纸老虎"，它也有一定的法律效果，它如果与美国的"禁止反悔原则"结合的话，就可能影响法官对案件的判定。所以作为被许可方的中国企业来说，最好还是说服对方不要有这样的条款，有的话也要尽量弱化。

8. 对专利品质的保证条款

在一般的商品买卖合同中，出售方一定得保证自己出售的商品在性能上能达到使用的要求，在所有权方面不会侵犯第三人的权利。但在专利许可合同中，这样的保证是很少的，反之，专利授权人会作出相反的规定，不对专利的"品质"和是否侵权作出保障。

例如协议约定："甲方（授权方）不对其许可使用的专利的有效性或者权利范围作担保和表示；不保证本协议所赋予的任何一项许可使用权下所生产、使用、销售的任何产品不会或者将不会受到来自第三方的侵权行为的危害。"

这是因为专利许可合同中的"商品"是一个"知识产品"，其品质如何专利局都有可能出错（美国近50%的错误率），何况专利权人？所以这是专利权人自我保护的一个条款。

在美国，这样约定对专利许可人的利害关系不大，因为即使没有约定，法官也不会要求他们按照一般产品的原则承担"瑕疵担保责任"；但反之，如果专利许可人在许可协议中作了对专利品质的担保，法院就会以此要求它承担保证责任，赔偿被许可人的损失。

对主要作为被许可人的中国厂商来说，当然最好是努力要求专利许可人作出品质上的担保，并在以后发生的诉讼中免除承担诉讼费的义务，要知道，专利诉讼是非常耗时耗财的游戏。

9. 诉讼义务分配条款

当被许可的专利被第三人侵犯时，由谁来对侵犯专利的人起诉？这是专利许可合同中一个重要条款，许可双方一定要在合同中明确约定，特别是约定诉讼费用由谁支付——其中包括付给律师的律师费。

一般而言，专利被许可人只是获得了该专利的一定时间的使用权，并不是专利的所有人，所以没有诉讼资格，除非在合同中许可人有相关的授权。在独占许可中，由于独占被许可人享有相当于专利权人的权益，所以法院也认为它有独立的诉讼地位。在独占被许可人的诉讼中，专利权人也是一个原告，一般美国法院会要求它承担一半的诉讼费用。

由于起诉侵犯专利的企业对专利被许可人保护自己的产品市场关系甚巨，所以，合同中一定要具体约定专利人保护专利的义务，并明确约定诉讼费的分担原则。专利被许可人要尽量将保护专利的义务放在专利许可人身上，在国外的侵权诉讼尤其要如此。

除第三人侵权外，另一种值得一提的是"非受让人侵权"，也就是说，没有取得专利许可的厂商利用专利权人的专利制造了与专利被许可人竞争的产品。虽然专利权人会尽力搜索，找到使用其专利的企业，用谈判和诉讼的方法逼迫他们与自己签订专利许可合同，但往往也有遗漏。更何况有好多小型的侵权活动根本不值得诉讼。但这些对被许可人来说是非常不利的，因为竞争对手在制造成本上占有绝对优势，不利于自己产品的销售，所以它也会极力搜索，报告给专利权人，要求对这些侵权者收取专利许可费。

"非受让人侵权"的条款对被授权人非常重要，必须郑重对待，认真审查。一般而言，专利许可的双方必须约定在什么情况下启动诉讼程序，诉讼费用由谁承担等。

第三种侵权是专利被许可人在使用专利或者销售专利产品时被第三方起诉侵权。这种情况经常发生，也不可预计，因为现代科技发展迅速，专利犬牙交错，好多时候出现"碰撞"情况，是否侵权且不管，第一步就是积极应诉。因为这种侵权应诉者一般是专利被许可人，而引起侵权又不是它的过错，而是因为使用了专利许可人的专利所致，所以在专利授权协议中约定权利义务就非常必要。

可以看出，不管是哪一种侵权，专利权人都是必不可少的参加者，它必须出面应诉，才能分清是非，而且它还是诉讼费的主要承担者。为了减轻自己的义务，专利许可协议的许可人一般会在协议中写入下列条款：（1）专利权人在该技术合同中在专利侵权诉讼中的责任不能超过许可权益金。（2）专利被许可人如果发现第三人侵权，或者受到侵权指控或诉讼威胁，必须马上书面通知专利权人，并在诉讼中与专利权人合作。（3）专利被许可人必须在专利权人提供或批准的技术范围内按约定生产专利产品，否则对以自己造成的侵权行为负责。（4）技术许可合同必须列明专利权人和技术让与人双方中哪一方应该去启动诉讼或应诉程序，负责应诉职责，支付相关费用，以及双方如何分享在该侵权诉讼中有可能获得的赔偿。

作为专利被许可人，为了保护自己的利益，也应该主张加入几个条款，如：（1）如果侵权事件导致专利被许可人无法享有一个专利许可合同的经济利益，技术让与人有权终止该许可合同，并要求一定比例的赔偿。（2）专利权人有义务列举有侵权可能的第三方专利，以提醒被许可人注意。

10. 实施专利义务的条款

就是在协议中约定被许可人必须在一定时间内实施该专利，或者实施到什么程度，否则专利许可人保留解除合同的权利。

这一条款主要是从保护专利权人的利益出发的。一般而言，专利许可费是按专利产品的销售量来支付的，如果专利被许可人不愿实施该专利，或者拖延实施该专利，那专利权人就没有任何收益。专利只是一个达到一定实施阶段的技术方案，并不是像有形物品一样拿过来就可以出售经销的，从专利到产品还有一段路要走，要经过好几个阶段的试验，投入人力、物力，中间还可能有失败的风险。有的专利实施则更复杂，如医药，还得通过有关行政机关的审批专利产品才能上市。即使专利的产品化没有阻力，专利被许可人也不一定想马上就将该产品批量生产投放到市场上。原因可能是对市场风险没有把握，也可能是市场推广的资金不到位，也可能是这种专利产品和自己原先投放市场的产品有竞争。总地来说，各种理由都可以阻止它改变计划。如果没有这样的条款，专利权人就只能"坐以待毙"，在独占授权的情况下更是如此。

当然，在专利权技术的独占许可中，被许可人如果财大气粗，也可能一次性地买断技术，在这种情况下，技术权人和技术让与人都不会受到什么损失。受到损失的是广大消费者和整个社会：消费者失去了对一种改进新产品的选择；社会作为一个整体浪费了一个很有开发潜力的技术资源。为此，美国的法律也要求专利许可合同中对专利实施进行约定。

在国际上，相关的条款可能是"诚实信用"和"里程碑条款"。所谓诚实信用是指专利被许可人在取得专利授权后，必须认真勤勉地从事产品之生产促销。尤其在专利许可费支付方式采取阶段性支付的情形时，产品销售之多寡将关系到权利金金额之多少，因此，专利许可人有必要在书面许可合同中加入Due diligence条款，以使被授权人能认真勤勉地从事产品之生产促销，活用专利授权。

在授权契约订立时，应明确约定被授权人必须在哪个时期达到什么目标，分阶段确立目标，以确保专利许可费的取得，这就是所谓里程碑条款。专利许可人必须留意的是，在与被授权人订立专利许可合同后，因被许可人的资金调度、经营不顺等缘故，往往导致迟迟无法开始利用授权技术以生产产品等问题发生。因此，于书面授权契约中订明里程碑条款，同时订明违反约定里程碑条款时之违约效果如终止契约等，非常必要。

11. 专利标记条款

在各国的专利法中，都要求对专利产品进行标记。中国的专利法规定："专利权人有权在其专利产品或者该产品的包装上标明专利标记和专利号。"在这里，法律授予了专利权人在专利产品上进行标记的权利，所以专利权人也有权要求被许可人在其生产的专利产品上进行标记。

这种标记在中国只是一种"荣誉生产"的记录，在美国却关系到千百万美元的利益。因为如果专利权人要起诉侵权人故意侵犯它的专利权并要求赔偿的话，就必须举出证据证明专利侵权人知道该专利的存在，而专利标记是非常有力的证据。这就是专利许可合同中专利权人坚持加入专利标记条款的原因。如果专利产品上没有专利标记，专利侵权人就可以主张不向专利权人赔偿在接到侵权通知前的损失。要知道，美国对专利侵权的处罚是三倍赔偿。海尔集团就曾利用原告专利产品上没有专利标记而躲过了一劫。如果中国的产品在美国也拥有专利，那就必须牢记，在自己的专利产品上作专利标记。

在美国人拟定的专利许可合同中，专利标记条款往往是这样约定的："被许可使用这应该向许可使用者提供其许可使用的产品的样本以证明其已经按照约定进行了合理的标识。在许可使用者书面通知后的一段合理的时间内，许可使用者有权检查被许可使用者所生产的许可使用的产品，已确定被许可使用者是否按照本协定的规定对产品进行了标识。"

12. 最惠被许可人条款

非独占许可的被许可人最担心的就是专利许可人给予竞争对手更优惠的专利许可条件，从而使自己的生产成本高过竞争对手，在市场竞争中落于下风。所以他们发明了这一最惠被许可人条款。

所谓最惠被许可人条款，就是在非独占许可的情况下，专利许可人答应，如果专利许可人此后与第三方订立的许可协议的条件比给予本协议专利被许可人的优惠，该优惠条件自动或者应被许可人的要求，适用于该被许可人。

其实，这一条款对被许可人的保护效力有限，因为它的实施还取决于专利许可人的诚实信用，即使合同中规定了专利许可人的"通知义务"，也不能保障被许可人真正能得到实惠。所有专利许可合同都有保密条款，被许可人很难争取到要求对方披露以后签订的专利许可合同的权利。但是，这一约定给了专利被许可人因不公平对待而提起诉讼的权利，如果被许可人确实掌握专利许可人隐瞒了给予任何第三方更优惠条件的证据的话。

以上是专利许可合同的主要条款，但在现实生活中，合同的条款千变万化，所以在签订专利许可合同时最好咨询法律专家，以防上当受骗。

九、专利并购风险

在国际专利竞争中，中国企业感受到自己最大的劣势是没有适当的专利储备，海外专利并购由此而起。海外专利并购包括单纯的专利收购和以专利为核心目的的资产或股权并购。由于专利是一种特殊的无形资产，购买的风险很大，可能导致企业巨大决策风险，很多企业都非常慎重。

与专利海外并购同时展开的还有海外专利许可证买卖。不接受当地的专利许可证，企业就不能在当地市场销售产品，所以中国企业专利许可证购买规模越来越大。广义上说，专利许可证买卖也是一种专利权的买卖。

专利并购风险的应对措施主要是加强并购前的律师尽职调查工作，调查的内容包括：

①专利的有效期。首先是专利是何时申请的？什么时候到期？要知道专利是法律授予的有期限的权利，比如在中国，发明专利的有效期为从申请日起20年。美国的道公司曾经计划购买一个公司，对方要价是1 800万美元。道公司的专家严格审查了其专利组合，到最后发现最关键的专利将在三年后到期，其他一些不太重要的专利的有效期时间也不长，短的仅6个月。

②专利费是否按时缴纳？如果延迟缴纳诉讼费，专利局会认定专利权人主动放弃了权利。有的专利组合中就有这种已经放弃的专利。

③专利组中的专利在哪些国家有效？由于专利是有国家地域限制的，也就是说，中国不保护任何企业在美国申请的专利，如果你想你的专利在中国得到保护，那你必须取得中国知识产权局的专利授权。许多美国的专利不会在中国这样的发展中国家申请，这也是情有可原的，因为这些国家市场有限，专利投资的风险也大——因为专利维持费是一笔庞大的支出。专利在哪些国家获得保护关系到它的经济价值。比如，数码相机现在开始在中国升温，一个企业想通过收购获得数码相机的核心专利，但最后却发现，相关专利只在美国、日本和欧洲申请了专利！那就是说，这些专利对一个想开拓中国数码相机市场的企业来说一文不值。

④专利的权利请求设计是否有漏洞？对于一项专利来说，专利请求的范

围太宽会影响到它的有效性，专利请求范围太窄又影响它的经济价值。专利请求范围太宽的专利容易遭到竞争对手的挑剔，因为很明白，太宽的请求范围就意味着面临更多的"在先技术"的挑战。但专利申请范围太窄又大大影响了专利的覆盖性，也就是说，它垄断的市场太有限，只涉及一个很小的、市场潜力不大的产品领域，那肯定是收购者不愿看到的。一些个人申请的专利或者小企业申请的专利就有两方面的弊端，因为他们都是"自己动手"的。

⑤是否存在侵权官司或者可能引起侵权官司？专利申请范围太窄的恶果只限于没有价值，但专利范围申请太宽的话就会惹上官司。大家都知道，专利诉讼是比较复杂的诉讼。在美国，拖上五六年是常有的事，拖上十年也不稀奇；在中国，专利诉讼也绝不是在法定诉讼期内就能有最后结果的。更重要的是，专利诉讼费用是一笔巨大的开销，国际大企业都极力通过协商解决诉讼纠纷，以避免陷入诉讼费的泥潭，中小企业就更应该注意避免诉讼，防患于未然。在1992年，乔丹公司购买了生产"随意贴"不干胶和胶带产品的乐佩公司。遗憾的是，3M公司那时正在诉乐佩公司侵权，禁止乐佩公司开发和销售其产品，乔丹公司因此陷入了专利诉讼的拉锯战中。

⑥专利的实际价值如何？现代的高新技术发展很快，一个专利能发挥其垄断能力的"有效期"比法律容许的有效期会更短。一般只有3~5年，也就是说，并购企业购买专利以前，必须对专利的下列方面进行考察：这种专利技术的先进性如何？还有多少升值潜力？他们为下一代技术投入了多少？其核心专利被其他企业引用的次数是否开始减少（这意味着企业的技术不再像从前那样领先）？企业创新的步骤是否开始放缓？专利是否受到了限制性许可证协议的拖累？如此等等。这些都要有技术专家的参与才能有结果。

⑦并购是否包括有关的技术骨干？不要忘了企业要的不只是知识产权，还有创造这些知识产权的工程师和发明家。遗憾的是，一个企业的发明创新力往往集中在一两个人身上，而这几个人往往又是企业的创始人和管理者。一般而言，他们是不包括在收购名单上的。这就要求并购的企业仔细思量，如果没有新技术的开发，没有新的专利的不断更新，这个被并购的企业还值这么多钱吗？

案例：华为海外专利并购遇阻

华为从2001年就设立北美总部，在北美拥有13个办公室、8个研发中心。它在美国的员工去年增加了一倍达到1000多人。但北美市场一直启动乏力，知识产权是主要障碍。为了突破知识产权屏障，华为开展了一系列知识产权并购活动。例如，2010年6月，华为购买了美国网络设备商Avici System 的大部分专利，但华为没有雇用任何Avici 的员工或者专利以外的资产。但另一桩更为关键的收购却被美国外国投资委员会拒绝。2010年5月，华为宣布以200万美元收购服务器技术公司3Leaf Systems。华为购买了3Leaf的知识产权，雇用了16名员工。外国投资委员会并不审查知识产权和雇用员工事宜，但是五角大楼发现了这笔交易，并要求外国投资委员会进行审查。同时，五位美国众议员联名致信奥巴马政府，鼓吹华为收购3Leaf Systems将对美国的计算机网络构成威胁。

最后，外国投资委员会要求有华为剥离收购3Leaf Systems所获得的科技资产，华为最后决定接受美国外国投资委员会的要求，撤销收购3Leaf Systems专利技术的交易。

十、权属变更、备案、登记风险

《专利法实施细则》规定：专利权因其他事由发生转移的，当事人应当凭有关证明文件或者法律文书向国务院专利行政部门办理专利权转移手续。专利权人与他人订立的专利实施许可合同，应当自合同生效之日起3个月内向国务院专利行政部门备案。以专利权出质的，由出质人和质权人共同向国务院专利行政部门办理出质登记。

经过备案的专利合同的受让人，可以对专利侵权行为向人民法院提出诉前停止侵权行为的申请；提起侵权诉讼；可以请求地方各级专利管理部门处理专利侵权纠纷。经过备案的专利合同的许可性质、范围、时间、许可使用费的数额等，可以作为人民法院、管理专利工作的部门进行调解或确定侵权纠纷赔偿数额时的参照。

专利转让没有办理转移手续，不发生法律效力，权属不发生转移；专利许可合同不备案，会给企业维权造成困难；专利质押不登记，不发生法律效力。

该风险的应对方法是及时办理专利权属转移手续，及时进行许可合同备案，及时进行质押合同登记。

第三节　专利保护风险

专利的本质就是垄断权，2000年以后，国外的跨国公司和专利许可公司开始以中国企业为知识产权打击的重要目标，不断发动专利战，严重影响了中国企业的生产经营和国际步伐。近几年，国际跨国公司发动专利战有两个特点，一是将专利战作为国际化竞争中的商业壁垒和打击手段，二是将专利战的收益作为企业的重要利润来源。

对中国企业来说，除了在被诉的情况下的维权活动外，更应该积极开展主动的维权活动，吸收西方发达国家的经验，用专利作为竞争工具打击竞争对手，占领全球市场，所以本章分为两部分：主动维权的风险和被动维权的风险。专利保护的主要风险见表3-4。

一、诉讼时效风险

各国民法都有诉讼时效的规定，在法律规定的诉讼时效期间内，权利人提出请求的，人民法院就强制义务人履行所承担的义务；法定的诉讼时效期间届满之后，权利人行使请求权的，就会丧失胜诉权，人民法院不再受理有关诉讼。我国专利侵权诉讼的时效为两年。

该风险的应对措施是咨询专家，及时提起诉讼。

二、权利不稳定风险

选择什么样的知识产权提起诉讼？这是一个重大的问题。如果选择的专利权不稳定，可能在诉讼中被无效，给维权活动带来败诉、资产流失、成本损失等风险。

一般来说，参与诉讼的专利最好是曾经经过诉讼、行政无效程序或已经有授权历史的专利，因为这些专利被认定是稳固的。其次则选择授权期长的专利，因为这样的专利一是比较稳固，二是由于距离授权时间越长，对方寻找在先技术的工作比较难；三是选择有效性强的专利，这就要求对有关专利作内部有效性分析。

专利权人还经常选择能够应用到多个企业的产品和服务的专利，这样的专利一般较为稳定，计算赔偿额也较为容易。

三、证据不足风险

在诉讼活动中，证据不足的直接后果就是败诉，同时还会衍生其他风险，所以企业一定要努力避免。

表3-4 专利保护风险列表

风险节点	风险事项	基本描述	风险识别	风险评价	风险应对措施
主动维权风险	时效风险	超过法律规定的诉讼时效	专家咨询	诉讼申请被驳回	及时起诉
	权利不稳定	由于诉讼所涉专利不稳定导致的风险	专家咨询	诉讼失败	甄选专利（选择"三性"稳定、授权时间长、已经经历过许可、无效程序或者诉讼的专利）
	证据不足	诉讼证据不足也支持诉讼请求	专家咨询	诉讼失败	证据调查收集；行政措施取证；证据保全；申请法院调查取证
	被告应诉	由于被告积极应诉、反诉造成的风险	专家咨询	诉讼成本增加；诉讼失败	签发律师函；圈定律师；选择起诉对象；选择诉讼时机
	法院管辖风险	诉讼过程中存在的风险	专家咨询	诉讼成本增加；诉讼失败	选择管辖法院；增加共同被告
	律师风险	由于律师选择不当、律师不尽职造成的风险	专家咨询	诉讼结果不理想；诉讼失败	聘请专业律师；组织两个律师团队；加强内部法务监督；组织专家论证
	商务风险	由于诉讼影响上下游合作关系或其他商务拓展	内部调查；专家咨询	正常经营受影响	选择没有合作关系的被告及时沟通
	舆论风险	由于媒体和社会舆论造成企业诉讼结果、商誉、运营受到影响	专家咨询；诉前规划	诉讼进程和结果受影响；正常经营受影响	积极与媒体沟通；媒体公关活动
	时间风险	诉讼时间过长影响正常经营	专家咨询；内部调研分析		选择保护方式和维权流程；申请临时禁令；媒体压力；商务操作；和解；调解
被动维权	被诉风险	被专利权人诉讼，特别是在没有任何防范的情况下被专利权人诉讼的风险	专利预警；市场或销售信息；专家咨询	产品销售市场拓广受影响	积极预警；宣告无效程序；回避设计；接受许可或转让；退出市场；参加防卫性专利联盟；积极处理律师函
	外包被诉风险	在承接外包业务过程中被专利权人诉讼	预警专家咨询	业务受影响	预警；合作前的尽职调查；合同签订前的审查
	法院管辖风险	由于管辖法院引起的诉讼风险	专家咨询	诉讼受影响	确权之诉；管辖异议
	诉讼决策风险	由于诉讼决策失误导致诉讼失利	专家咨询内部规划	诉讼失败；经营受影响	诉前调查；诉讼评估；诉讼规划
	和解风险	由于和解决策失误造成损失	专家咨询	经济损失；经营业务损失	分析可能性；创造和解条件；以战促谈
	商务关系危机	所能够影响上下游企业商务关系的风险	专家咨询	销售渠道受影响；整体经营受影响	提前知会；合同条款保障；回避设计；和解客户；媒体缓解信心危机；出具不侵权法律意见；产品替代
	舆论风险	社会舆论影响商誉、诉讼、经营的风险	专家咨询	影响诉讼影响渠道；影响产品销售；影响品牌	媒体公关

83

该风险应对措施有：

1. 积极调查取证

原告调查取证的方法有：

①购买侵权。一般应购买两件或两件以上涉嫌侵权之样品，其中一件产品应原封不动，保持原有状态；另一件产品作为拆解、分析、鉴定用。

②取得对方销售侵权产品的书面凭证，包括：收据、订单、送货单、报价单、收款凭证等。其上之记载应尽量具体、明确，最好能有型号之类可资特定者，用以证明至少有"销售"行为存在。

③搜集对方侵权产品推广资料，有时候宣传资料上也有重要信息，且宣传资料一般可以构成"准备销售"。

④拍摄侵权相关照片。当侵权产品体积过于庞大、价格惊人时，可以拍摄照片作为证据。

⑤公证取证过程，也就是在必要时可以申请公证处进行现场取证公证。

⑥统一取证。在侵权人众多时，可以执行统一的取证计划，对于每个被告可以应用相同的取证请求，利于节约成本、提高效率。

2. 行政措施取证

专利法规定：管理专利工作的部门根据已经取得的证据，对涉嫌假冒专利行为进行查处时，可以询问有关当事人，调查与涉嫌违法行为有关的情况；对当事人涉嫌违法行为的场所实施现场检查；查阅、复制与涉嫌违法行为有关的合同、发票、账簿以及其他有关资料；检查与涉嫌违法行为有关的产品，对有证据证明是假冒专利的产品，可以查封或者扣押。管理专利工作的部门依法行使前款规定的职权时，当事人应当予以协助、配合，不得拒绝、阻挠。

3. 证据保全

证据保全，是指法院在起诉前或在对证据进行调查前，依据申请人、当事人的请求，或依职权对可能灭失或今后难以取得的证据，予以调查收集和固定保存的行为。

证据保全的条件有：第一，待保全的事实材料应当与案件所涉及的法律关系有关，即应当是能够证明案件有关事实的材料；第二，待保全的事实材料存在毁损、灭失，或以后难以取得的可能性；第三，就时间而言，在需要进行保全的时刻，待保全的证据还未到可将该证据提交到法院的时刻或当事人无法将该证据提交法院。

专利法规定：为了制止专利侵权行为，在证据可能灭失或者以后难以取得的情况下，专利权人或者利害关系人可以在起诉前向人民法院申请保全证据。

4. 申请调查取证

根据我国《民事诉讼法》及《最高人民法院关于民事诉讼证据的若干规定》的要求，符合以下条件之一的，当事人及其诉讼代理人可以申请人民法院调查收集证据：申请调查收集的证据属于国家有关部门保存并须人民法院依职权调取的档案材料；涉及国家秘密、商业秘密、个人隐私的材料；当事人及其诉讼代理人确因客观原因不能自行收集的其他材料。

5. 善用证据开示

美国的证据开示程序有类于我国法庭的证据交换程序，但要正规和复杂得多，律师工作在其中的作用也要大得多。通过证据开示程序，民事诉讼的原被告双方律师可以取得专利侵权与否、损害估算以及专利无效和不可执行有关的所有事实及证据。

证据开示是美国民事诉讼所有程序中最昂贵的程序，但是如果运作得当，原告可以在诉讼的启动阶段就迫使对方妥协让步。一般来说，原告可以通过证据开示达到下列目的：了解对方的诉讼优劣势；取得在开庭审判中无法取得的证人证词；获得足够事实，为和解做准备；为申请临时性限制令和初步禁令作准备；为马克曼听证及申请即席判决做准备。

专利权人可以利用证据开示程序有效干扰对方日常经营运作，使对方企业运营、研发和销售相关高级管理人员（如董事长、总经理、市场部主管、销售部主管）和重要技术骨干（如技术部主管、发明人）疲于奔命，飞往美国录取证词。这样，各部门都得拨出核心人员应付证据开示程序，严重影响日常运作。

证据开示的主要方式包括书面询问、要求对方当事人提供书面证据资料、对诉讼有关人员进行讯问及请求对方当事人自认。一般来说，有经验的律师会利用这四种形式交错进行取证，要求对方提供包括但不限于企业组织、研究开发、生产制造、市场营销、财务会计、专利申请和实施过程等方面的资料。

专利权人在证据开示程序中会要求对方提供如下资料：关于侵权产品的细节，包括设计、制造、规格、如何制造的、使用方便性及效率；侵权产品或者方法的历史和发展。侵权者的产品或者方法的广告和新闻稿；侵权者的内部备忘录和关于侵权产品的报告；任何先前知悉技术；与侵权者的销售有关的所有财务信息；任何由被告提起与诉讼防御有关的事实。

如果证据开示程序运用得当，在证据开示程序结束后，多数被告及其代理人对于是否构成侵权、损害赔偿额等问题会非常清楚，对于是否进行和解或继续诉讼会有初步决定。统计数据显示90%以上的专利侵权诉讼会在进入证据开示后达成和解。

四、被告积极应诉风险

在诉讼中，如果被告积极应诉，原告就会支出更多的人力财力资源，诉讼时间也会很长，诉讼结果也更加不可预期。为了减少被告的积极应诉风险，权利人应采取如下风险应对措施。

1. 签发律师函

律师函是由律师签发的法律文件。在知识产权保护活动中发出律师函是维权的第一步，权利人可以通过律师函与对方接触，了解对方对侵权事件的立场和态度。

知识产权诉讼成本高昂，一旦发现侵权，一般做法是先咨询专利律师是否侵权成立。如果答案是肯定的，企业会委托律师寄发律师函，努力争取与对方进行谈判。

一般而言，律师函的内容包括：陈述事实，说明有侵权事实发生；解释法律，告知法律规定内容；主张权利，陈述己方的要求。通常包括（但不限于）：明确要求对方停止侵权、承诺不再侵权、登报道歉、回收或废弃侵权产品、赔偿费用及损失等，有时亦可能含有授权使用之条件等内容，给侵权人取得合法授权的途径。

企业也可以通过内部的法务部门或知识产权管理部门发出侵权函，不过其力度不及执业律师出具的律师函。

2. 圈定律师

为了保证律师对委托人的忠诚，防止律师因个人私利侵犯委托人的利益，中外的法律都规定一个律师事务所不得同时代理原被告双方，这就是利益冲突规则。但成功的知识产权律师事务所非常有限，这就造成了资源紧缺。很多大企业"圈住"了最好的知识产权律师事务所和专家。跨国公司平常就会将其法律业务分散给很多家知名的律师事务所，或是以一年3万美元的金额委托特定技术领域具权威的研究机构研究人员或大学教授，如此，一旦发生诉讼，这些顶尖的律师事务所或权威专家就会因为利益冲突无法代理被告，而"平时不烧香"的被指控侵权人会发现找不到合适的知识产权律师。在英美诉讼制度下，律师的选择事关诉讼的成败，所以找不到律师就会严重挫伤被控侵权者诉讼的信心，迫其就范。

很多在美国有诉讼经验的企业都发现，找一家合适的律师事务所非常不容易，在选任专家证人时，也会出现这种情况。现在很多国际跨国公司在中国也采取了相同的策略。

3. 选择起诉对象

一般而言，专利侵权者不会只有一家企业，对待多个潜在被起诉对象，专利权人也应仔细甄选，以此来降低被告反击的可能性。

起诉实力较弱的企业利于获胜，但有可能造成负面影响，造成多诉，增加成本。因为强者相信自己可以收集更好的在先技术，雇用更好的律师。起诉行业大哥或行业代表，胜了可以起示范作用，利于许可计划的推广，但大企业资金充足，诉讼经验丰富，专利持有者要面临更大的风险。如果专利持有者认为诉讼准备的费用充足，也可以一网打尽，将所有侵权者列为被告，通过一次诉讼解决问题，节约时间和资金成本。这样做的风险是可能同时面对整个行业的资源和技术能力。

专利许可公司经常采取由易到难的路径，开始时，他们对最小的企业下手，因为小企业没有时间和资源对抗。然后以战养战，用从小企业授权中取得的钱来对更成型的大企业发动法律攻势。

针对不同企业文化的企业可以采取不同的策略，如果被许可人历史倾向于接受许可，则可以先进行许可谈判；如果被许可人历史上对专利授权的态度是不告不付，则应直接诉讼解决，以免对方提起确认不侵权之诉，抢夺诉讼管辖地选择的先机。

一般来讲技术领域涉及的专利越密集，直接诉讼越有必要，因为被许可的企业不能主动向任何专利许可人缴纳许可费，以免引来更多的掠食者。

从技术生命周期来看，在技术萌芽的发展阶段，专利授权较少，生产企业支付的专利许可费尚少，容易接受专利许可。到技术成熟期，专利丛林形成，专利持有人很多，生产企业一般不会轻易接受专利许可，这个时期诉讼就是必需的。愿意在诉讼中妥协的是小市场占有率者，市场占有率高、赔偿额巨大的一般倾向于诉讼到底。

为了增加专利诉讼的威慑力，专利持有人还会将专利侵权者和其下游客户一起作为被告，例如2005年日本松下电机公司在美国对联发科提起专利侵权诉讼，指控联发科的芯片侵害其专利，同时将采用联发科芯片的微星公司与美国加州OPPO Digital公司列为被告。

在美国，一般专利诉讼的被告有三个特点：第一是成功盈利的企业，比如前几年的微软，近几年的苹果；第二是该企业缺少在美国诉讼的经历；第三是该企业很难博得美国陪审团的同情，比如中国企业。

4. 选择起诉时机

知识产权维权可以看做一种"经营性运作"，挑起知识产权纠纷一般要仔细选择时机。第一要选择对方最弱的时候，例如选择对手正在进行重组、收购、兼并、转投资、减资、杠杆收购、公开发股等时机。因为企业在这个时候最不愿意面临诉讼风险，最不愿意因为其他的诉讼活动而分散注意力，也最不愿意因此而破坏自己在股民中的形象，"小不忍则乱大谋"，最后只得决定接受专利许可，尽快寻求和解。2006年，当中国的一家网络游戏企业在日本申请上市时，一家韩国企业就跳出来指称该企业侵犯了他们的著作权，最后逼迫这家中国企业在日本延期上市，与他们签订了著作权授权协议。第二是选择有利可图的时机。例如在DVD专利许可费纠纷中，中国企业的专利侵权其实已存在数年，6C、3C专利池管理者并非不知情，他们之所以选择在2003年挑起诉讼，是因为中国的DVD企业已经成长，挑起纠纷有利可图。在国际上这一种许可费的收取方法被称为"放水养鱼"。

五、法院管辖风险

不同的管辖法院对同一个案件会作出不同的判决，同时选择不同的法院会给对手带来不同的诉讼成本。原告都愿意在自己企业所在地提起诉讼，方便自己起诉，同时提高对方的应诉成本。

就专利侵权诉讼而言，法律规定管辖法院为被告住所地或者侵权发生地。一般权利人都以选择自己诉讼方便或者自己胜诉有把握的法院提起诉讼。为了改变管辖，知识产权诉讼常常捆绑与被告有合作关系的第三人作为共同被告。

在美国，专利侵权诉讼的第一审管辖法院为被告的住所地或被告主要营业处所所在地的联邦地方法院，或是侵权行为所在地的联邦地方法院。原告可以从中选择诉讼地，一般而言，考虑的因素包括选择法官有专利诉讼经验、愿意接受专利侵权案件、建立了相应的制度、可预期诉讼进程的法院。同时，原告还会考虑有关法院审查速度，作出马克曼命令的速度等因素。

美国的律师知道，某些地点的法庭更倾向于原告，如得克萨斯东区或加利福尼亚中部区；某些地点的法庭裁决更快，如弗吉尼亚东区或得克萨斯东区；某些地点可能对原告律师和子公司而言更方便；某些法庭有利于被告的规则，如加利福尼亚北区。

六、律师风险

律师在诉讼中失误或者不尽职责，会对诉讼结果产生很大影响。为了减少律师风险，权利人应采取如下风险应对措施：

第一是聘请专业律师。权利人应选择专业的专利诉讼律师，特别是选择在案件管辖法院有过诉讼经历的律师。

第二是组织两支律师队伍，一支负责诉讼，一支负责和解。这样可以加快纠纷解决的步伐，同时可以最大化企业的利益。

第三是加强企业内部法务人员对律师工作的监督。律师再好、再专业，也是外部资源，与企业有不同的利益诉求，所以内部法务人员一定要适当介入，及时沟通和解决问题，防止诉讼结果偏离企业总规划。

第四是必要的时候组织专家论证会。除律师外，如果存在重大的技术或者法律问题需要专家提供意见，应组织专家论证。

七、商务关系风险

诉讼会给企业的商务关系带来影响，如果被告就是上下游合作企业或者潜在的合作伙伴，则其他企业的戒惧可想而知。如何在维权的同时不破坏商务关系是权利人面对的重要风险。

应对此风险的方法第一是尽量在合作关系之外选择被告，特别是企业的主要经营业务之外选择被告；第二是及时与其他企业沟通，排除合作企业的疑虑。

八、舆论风险

专利诉讼会引起社会关注，处理不好与媒体的关系会导致社会舆论一边倒，影响诉讼进程和结果，甚至影响企业的整体经营。这一点在知识产权意识不是很强的中国更为重要。

应对此风险的措施是与媒体积极沟通，积极开展媒体公关活动。

九、诉讼时间风险

专利的纠纷解决耗费时间，动辄以年计算，为了尽快解决纠纷，实现企业经营目标，企业可采取如下风险应对措施：

1. 选择合适的保护方式

知识产权侵权案件的处理方式有三：民事诉讼、刑事诉讼、行政处罚程序。在国内，行政处罚程序一般由海关一类的行政机构负责，民事诉讼和刑事诉讼在法院进行。行政处罚程序的特征是快速便捷，但不能决定赔偿问题，一般作为民事诉讼前的取证办法使用；民事诉讼可以获得经济赔偿，但周期较长；刑事诉讼可以对侵权者人身进行执行，强制力最大。世界各国对知识产权刑事制裁多有明确规定，限制扩大使用，所以民事和行政程序就成为知识产权纠纷解决的主要程序。

如果在美国维权，有两种主要救济程序，一是民事诉讼，二是国际贸易委员会的337行政调查程序。这两种主要程序的区别是效率，前者的一个审级往往需要三年至五年始能结案，后者短则不到一年、长则十八个月就会终结。

我国也有知识产权边境保护制度，企业可以通过海关备案阻止某些侵权商品的进入。根据我国海关总署关于知识产权边境保护的规定，商标权、专利权、著作权的权利人可以申请海关备案。一旦进行海关备案，中国海关将通过"中央备案系统"在全国41个海关数百个口岸进行主动保护，从而阻止国外标有申请保护的商标或者具有申请保护的专利的产品进入中国市场。

2. 申请临时禁令

我国《专利法》规定："专利权人或者利害关系人有证据证明他人正在实施或者即将实施侵犯专利权的行为，如不及时制止将会使其合法权益受到难以弥补的损害的，可以在起诉前向人民法院申请采取责令停止有关行为的措施。……人民法院应当自接受申请之时起四十八小时内作出裁定；有特殊情况需要延长的，可以延长四十八小时。裁定责令停止有关行为的，应当立即执行。当事人对裁定不服的，可以申请复议一次；复议期间不停止裁定的执行。"

临时性保护措施在国外称为临时禁令，在诉讼中使用非常广泛，可以对被告造成很大的经济和心理压力，可以迫使对方很快结束诉讼争议。在美国诉讼中，专利权人在诉讼终结之前，得提供担保，请求法院发出临时禁令，命涉嫌侵权人马上停止涉嫌侵权之行为。对于未遵守禁制令者，可对之处以藐视法庭的惩罚。

美国发放临时禁令的要件有：本案实体部分请求有胜诉之可能；未准予命令可能造成难以弥补的损害；两造利益的衡平；发临时禁令对公益的影响。

3. 利用媒体舆论施压

通过舆论可以给被告方的经营活动、品牌推广造成压力，迫使对方尽快解决争端。

4. 利用商务关系施压

如果权利人与被告有其他方面的商务合作或者合作的可能，可以通过商务合作来给对方施压，尽快解决纠纷。

5. 采取和解策略

我国法律规定，当事人之间可以通过和解或者法院调解解决专利侵权纠纷。权利人也可以通过和解一方，施压一方的方法给共同被告中的某方施压，迫其尽快解决纠纷。

十、被诉风险

在专利丛林的时代，生产产品侵权已经很常见，也就是说被诉的可能性很大，被诉风险很高。该风险的应对策略有：

1. 积极预警

一旦被诉，企业就要组织人力物力应对，避免造成多方面的损失，所以最好的应对措施就是提前预警，努力回避。企业首先必须对与自己产品相关的专利信息做详细的专利检索，对本企业产品的制造及输出国的专利信息进行严密分析，制作专利地图，了解相关产品的未来趋势及竞争对手的专利布局，制定风险应对策略。

在此基础上，企业可以将自己的技术申请专利，进行合理布局，以保证"兵马未到，粮草先行"。

2. 无效宣告程序

申请宣告有关专利无效是根本性解决企业风险的好办法。

我国《专利法》规定："自专利局公告授予专利权之日起，任何单位或者个人认为该专利权授予不符合本法有关规定的，都可以请求专利复审委员会宣告该专利权无效。"专利权无效请求人请求包括宣告专利权无效和部分无效。

可以提出无效宣告的理由包括：授权专利缺乏新颖性、创造性或者实用性；授权专利不符合专利说明书、权利要求书撰写要求；专利修改超范围（申请人可以对其专利申请文件进行修改，但是，对发明和实用新型专利申请文件的修改不得超出原说明书和权利要求书记载的范围，对外观设计专利申请文件的修改不得超出原图片或者照片表示的范围）；重复授权；授权专利方案属于法律规定不授予专利的范围等。

宣告无效程序的缺点是时间长，需要投入的举证成本很大。

3. 回避设计

就是绕着风险专利走。企业可以通过专利管理人员与技术人员的合作，分析风险专利的技术方案，积极作专利回避设计，并在回避设计的基础上布局新的专利。

4. 许可和转让谈判

相对跨国公司而言，我国企业技术研发力量不足，且有些专利是基础专利，企业无法绕过，产品上市有时候有很强的时效要求，所以有时候与相关知识产权持有人进行许可谈判还是必需的。如果有关企业有意转让专利，性价比又合适，中国企业也可以考虑收购，甚至将对方企业一并收购。

在专利许可谈判前，企业应该分析对手，看对方是否属于积极主张专利权的厂商，是否有专利授权先例，许可费多少等。

对于有一定专利储备的企业，可以通过专利信息分析了解各方的专利布局，如果对方也存在侵犯自己专利权的事实，可以考虑交互授权谈判。

5. 回避直接市场

如果企业发现风险专利持有人要求的许可费过高，自己无力承担，或者支付许可费后利润甚微，就可以考虑回避对方专利严密覆盖的市场。在对方没有布局专利的地方开展业务。

由于知识产权的地域性，企业的知识产权需要在很多国家获得注册和授权，要花费巨额的成本，所以企业都会选择自己最感兴趣的市场注册或申请知识产权，例如在美中日欧布局知识产权，而忽略较小或者利润较薄的市场，放弃在亚非拉的中小经济体布局知识产权。这就给中国的企业提供了机遇，华为和中兴就是通过这种"农村包围城市"的方法逐渐占领广大市场的。

6. 准备不侵权意见书

有时候，企业会发现自己的专利与竞争对手的专利距离很近，但自信又没有侵权，这个时候，企业就需要聘请专业的专利律师对有关专利进行分析拆解，看是否侵权，或者法官判定侵权的可能性有多大。

在美国，一般需要聘请专利律师出具不侵权的法律意见书。律师的法律意见可提供依据，证明企业未侵犯竞争对手的专利权、竞争对手的涉案专利无效或不可执行。法律意见书必须由律师根据企业产品技术如实出据。律师出具的关于规避专利侵权的意见可以证明企业已经知道并仔细研究了竞争对手的专利。在向外部披露企业法律意见时，企业应当征求法律顾问的意见。此类披露也可能导致放弃美国的律师——委托人特权，产生严重后果。

法律意见可用于评估企业在美国营销产品的商业风险，也可以作为自己并非"故意"侵权的证据,从而防止法院判定三倍赔偿金的损害赔偿。

7. 积极储备防卫性专利或者参加防卫性专利池

研究竞争对手的产品市场构成,积极购买储备可以遏制其生产销售的关键专利,在对方准备下手时及时亮剑,让对方知难而退,达成所谓的"恐怖平衡"。参加防卫性专利池也可以达到上述效果。

8. 积极处理律师函

向涉嫌侵犯知识产权的人发出律师函是国外企业维权的通则,与国内的律师函相比,国外的律师函都会产生一定的法律后果,必须尽快处理,不能随意拖延,以免产生不利法律后果。

接获律师信函后,在未确认侵权与否或提起诉讼前,双方即会有所互动,这些因应动作不但会让双方在尚未进行正式诉讼前,即有可能达成和解或授权,以避免双方庞大的诉讼费用、无形的人力及时间的消耗;而且,站在被指控侵权者的角度来看,及时解决知识产权纠纷有利于快速移除诉讼危机,解除客户疑虑,保护产品或者服务市场。因此对于被指控侵权者来说,专利诉讼危机发生前,执行一套完整且有效率的因应措施相当重要。

在美国,故意侵权有惩罚性赔偿,一个企业接到律师函而不回复,就会被认定故意侵权,在随后的诉讼中有被罚以三倍侵权损害赔偿金的风险;在德国,律师的律师函也有很强的法律后果。所以,中国企业收到律师函、通告等材料,声称该企业侵犯了某项知识产权时,要认真对待这些通知和律师函,查证一下是否真的侵犯了相关的知识产权。如有必要,还应该征求专业律师的意见。

目前,很多企业在收到类似的通知或律师函时,只是将它们草草扔进垃圾筒,这并不是一个正确的策略。积极回复律师函,与对方取得联系,了解对方的真正意图,通过谈判解决纠纷或通过谈判为自己赢得制定应对策略的时间才是上策。

当接到警告信函时,企业不必惊慌,但也不能不理不睬。急于答复对方往往会在谈判中处于劣势,但迟迟不答复往往会很快招致诉讼。

企业应该在内部评估诉讼胜算与成本。如有必要咨询外部专家,或者咨询美国专利律师或专家,对产品侵权与否或者专利有效与否、可执行与否作出分析;在了解敌我状况后,拟定策略并根据策略研拟可行性计划方案,并协调调配所需资源应对专利攻防战。

在准备诉讼的同时,企业应适时对律师函作出回应,声明尊重知识产权立场的同时,声明是否侵权尚需进一步研究,请对方提供进一步的资料。

回复的信函内容分为两种情况：若来函未明示侵权产品、侵权专利、侵权的专利请求权项，或相关的专利复印件，第一回函应要求更详细的根据资料，以便能借由专利权人书信或主张，来分析缩小专利权人日后欲主张范围与内容，并可要求专利权人作出专利侵权鉴定分析报告，要求对方提供专利技术比对清单；若来函已明示上述资料，回函应表示企业会重视此事而展开调查及研究的措施。切忌在第一回函承认任何侵害。

在专家认真分析后，如果能确定没有侵权，第二次回函应说明此结论并且注明"若未再收到对方信函，本公司认为此事件已结束"。

十一、外包业务被诉风险

有一些企业接受外包业务，根据国外品牌企业的订单从事产品制造。由于专利权涵盖"制造专利产品"行为，所以即使不从事销售推广业务，市场上没有自己品牌的产品，也存在专利侵权的风险。由于没有经验，有的接受外包业务的企业成了知识产权侵权诉讼的被告，或者成了知识产权侵权诉讼赔偿责任的最后承担者。

国际跨国公司都建立了较为完善的知识产权侵权预警机制，如果发现产品可能侵权，一般就会委托有专利使用许可授权的企业制造。但是，也有少数企业恶意隐瞒可能侵权的风险，委托中国制造企业从事设计生产，同时通过协议中或订单背后的责任转让条款来转移侵权责任。

为了有效保护自己的权益，在接受外商订单时，中国企业应该主动要求对方出示相关专利权的证明文件，同时委托专业人士进行检索确认，从原料、技术、设备、包装等各个环节上罗列出可能出现的专利权。如果检索后发现外商不是所有相关专利的专利权所有人，就应该要求其提供适当的授权证明文件，如果对方不能提供，或者提供的专利技术与委托的技术不完全一致，或者委托方的专利权授权范围不包含委托第三方加工，则应考虑在合同中订立明确条款，规定任何有关侵犯知识产权的情况都应由该外商负责并赔偿己方损失，以合理转嫁侵权风险。

实际上，即使暂时查不到有关专利风险，企业也要谨慎地审核对方提供的合同条款，增加签署专利权瑕疵担保条款，将可能出现的专利侵权风险加以说明，明确双方承担的侵权责任，并添加委托方专利权的保证义务，详细规定出现专利权纠纷的处理方式和方法，明确一旦发生专利权纠纷双方各自的责任和义务。

十二、法院管辖风险

法院管辖权争夺一直是诉讼的重要环节，是企业专利诉讼的重要风险。应对该风险的方法第一是提出管辖异议，第二是在对方没有起诉前先行提起确认之诉，转移双方专利纠纷的管辖法院。

在我国，权利人向他人发出侵犯专利权的警告，被警告人或者利害关系人经书面催告权利人行使诉权，自权利人收到该书面催告之日起一个月内或者自书面催告发出之日起两个月内，权利人不撤回警告也不提起诉讼，被警告人或者利害关系人向人民法院提起请求确认其行为不侵犯专利权的诉讼的，人民法院应当受理。

在美国，如果企业在内部评估过程中认为其他企业的风险专利本身、专利的取得、专利的行使存在重大缺陷，中国企业还可以在收到律师函后选择在专利持有人住所地、专利被许可人或专利产品分销地、专利持有人主张专利侵权地等提起诉讼，诉请法院判决有关专利无效、专利不可实施和没有侵犯有关专利权。

这样做的优势是可以争取在非亲专利的法院解决纠纷，缺点是双方的授权谈判转变成了司法纠纷，激化了矛盾，会增加纠纷解决难度，增加纠纷解决费用的支出。所以没有足够的把握不能铤而走险。

十三、诉讼决策风险

接到律师函或者诉讼状后，企业就面临诉讼决策，是否应诉，策略如何都关系到企业的重大利益，专利诉讼尤其如此。为了减少诉讼决策风险，企业应该及时评估知识产权侵权诉讼风险，为诉讼决策作依据。诉讼风险评估既可以决定应对态度，也可以决定应对的方法。该风险的应对措施是对专利纠纷作诉讼风险评估。

诉讼风险评估的内容包括：

1. 评估和解前景

在收到律师函的时候，企业就应该仔细评估知识产权人发出函件的目的。首先要评估的是知识产权所有人的性质，是个人还是企业或者大学附属机构，不同的知识产权人诉讼能力和诉讼的决心是不同的，因为他们各自的授权、经济能力、法律程序掌控能力是不同的。同样是企业，意欲遏制竞争对手的企业就比只是寻求许可的企业诉讼意志要坚决；以知识产权食利的专业知识产权许可企业与自己有生产能力将知识产权收入作为红利的企业诉讼意志也是不同的。诉讼意志还与知识产权人在知识产权诉讼中的历史表现有很大关系，所以如果该企业有"前科"，评估时应该作为评估的重要因素。

诉讼意志与能否谈判和解有直接关系。在2004年的华为与思科的知识产权纠纷中，思科就错误地认为谈判和解有望，以至于在思科起诉前没有做好应有的准备。

评估与采取应诉方案时，应随时记住美国专利侵权诉讼所可能带来诉讼成本与结果的不可预知性，包括：上诉审的驳回率高；马克曼听证结果的不可知性；管辖法院的态度和诉讼程序的复杂性；陪审员审判结果的不确定性；被指控企业应诉的内部动员成本；三倍惩罚性赔偿等，从而采取必要的应对与防御准备。

2. 评估商业风险

知识产权纠纷的影响很多情况下会超出知识产权纠纷本身，有时候，一场知识产权会拖死一家企业，也有可能一家企业在知识产权纠纷后发展壮大，成为巨人。所以在知识产权纠纷发生之初，就应该评估可能发生的影响，预先做好准备。

在有的情况下，国外知识产权人起诉中国企业侵权其知识产权意不在经济赔偿，而是要在商业上拖垮对手。诉讼一旦发生，他们就会大肆宣扬，扣押涉嫌侵权商品，乘机占领销售渠道。如果有这种可能，中国企业最好量力而行，积极谈判，不要将双方关系恶化，避免"赢了官司输了市场"。

由于对所有人来说，专利诉讼案件代价既高又费时费力，并让诉讼双方都陷入可能败诉的风险之中。因此，虽然适当且成功的策略可以提高胜诉的机会，但是终究诉讼双方都要付出相当的代价。因此当事双方应该对采取诉讼解决纠纷的选择深思熟虑；诉讼本身是法律行动，但是诉讼的目的是商业考虑，只有能够达成进一步的商业目的，才值得去耗费金钱与时间及人力去参加诉讼。在诉讼过程中，不论是作为专利权人还是应诉人，都应该对诉讼达成和解协议所能获取的利益、所需担负的风险和所需付出的花费作谨慎估算，并一再地定期重新估算。

基于诉讼行为基于商业考虑，所以应该尽量考虑在双方彼此能接受的原则下，取得双方的利益平衡点，达成授权协议而避免诉讼。在无可避免地实行诉讼行动后，双方还应尽快在诉讼过程中重新估算取得平衡点，一再地寻求达成协议和解的可能。绝大部分专利侵权案件最后都是以和解收场，故越早达成和解，对双方越有利。

3. 评估诉讼风险

不同的国家有不同的法律条文规定；不同的地方也可能有不同的法律；

在美国还会遇到不同的陪审团意见偏好；不同的律师或法律事务所会有不同的诉讼策略或进行的手段与方式。所以诉讼本身是充满了变量的，没有人能保证一定可以赢得一场诉讼。所以，在决定进行诉讼之前，企业必须仔细地评估考虑上述各种风险，再决定寻求以何种途径诉讼，以及在哪个法院进行诉讼。

4. 评估时间压力

诉讼的程序是复杂烦琐的，只有专业律师才能了解。在美国，如果走正常的联邦地方法院诉讼程序，不仅费用很高，且耗费时间也很长：结案时间短则两三年，长则三五年，由于并没有结案时间限制，还可能费时更久才结案。等到结案宣判时产品早已下市，即使胜诉也未必得到足够补偿，所以在美国地方法院诉讼对中国企业时间上是相当不利的。

如果对方走的是ITC途径，采用337条款维权，则速度要快得多，一年左右就会见结果。但这又给中国企业更大的时间压力，因为程序要求的答复时间很短，所以必须给予调查请求以及时的关注。由于通知时间很短，作决定的管理者和其他了解情况的人员必须将精力从平常的业务活动转移到跟调查相关的非常费时的活动中去：准备对质询的回复以及进行作证、准备和制作文件等。这就会对企业正常的业务运作造成相当大的困扰。

由于走ITC的337条款程序速度快，专利权人可能会比在美国联邦地方法院诉讼更快地得到补救，对其业务开展非常有利，所以中国企业遇到的337程序非常多。专利权人可以在启动程序之前就先作好完全的准备。这样337条款案件的速度对专利权人来说就是绝对优势，有经验的企业通常会在提交起诉书之前就准备好他们的调查请求，以及对应诉人请求的回复。如此，他们就能在相对较短的期间内对案件有所掌握和控制。

5. 评估诉讼成本

美国专利侵权诉讼是十分昂贵的，一般专利案件的律师费用很难做准确的预估，但是，庞大的金额是相当惊人的。实际的费用取决于主张的专利和权利请求项数目、技术复杂程度、当事人的数目等。单凭经验来说，我们可以依专利侵权案件大小分类：

小型案件预估所需花费金额约在150万美元以下，中型案件则约需费用在150万至300万美元，大型案件费用在300万美元以上，高科技产业的专利侵权诉讼费用相对更高，动不动就会超过800万美元以上。

诉讼成本除了律师费（包括败诉后对方律师的律师费）、交给法院的诉讼费外，还包括经营方面的各种损失以及赔偿金。赔偿金要根据当地的法律规定由当地的律师予以评估。

6. 评估赔偿金

美国法院基本上允许下列三种损害赔偿的计算方式，于三种方式中选择一种方式计算。

①直接损害及所失利益。这种方式是计算权利人被侵权前后获利之差额计算赔偿金。由于这种方式在决定损害额及所失利益所需的程序相当困难，因此通常不被采用。

②适当的许可费。损害赔偿的主张通常根据许可费定，也就是由侵权者给付权利人相当于其他被许可人所支付的许可费。采用这种方式计算损害赔偿，表面上看侵权人所需付出的代价不比一般被授权人高，但如果加上败诉后需负担的庞大诉讼费用，就大不相同了。

③侵权人侵权所得利益。一般而言，主张以侵权人所得利益作为损害赔偿额是合理的，因为侵权人不应保有侵权之利益。然而侵权人的所得利益必须通过侵权人取得，而且所得利益是扣除其成本后的实际获利，因此计算很困难，所以这一方式同样很少被采用。

总之，很多专利侵权诉讼原告都主张采用相当于许可费的方式计算赔偿金。

十四、和解风险

在知识产权纠纷中，作为被指控的企业，如果经过认真的对比分析，发现确属侵犯了对方的知识产权，就应当积极寻求与对方和解。但是，和解关系到企业的重大利益，会存在重大风险，企业需积极控制风险。控制风险的应对策略有：

1. 认真分析和解可能性

促成和谈首要先分析和解的可能性，要确定对方诉讼的意图，是要企业退出市场还是想通过诉讼增加谈判的筹码，得到较高的专利使用费。如果是后者，和解就有了基础。因为通过和解，当事人会各得其所：权利人既保护了专利权，又可以收取可观的使用费。一般而言，如果该所有人的知识产权产品占有的市场份额较大，那么它就会就有关知识产权的使用征收天价的使用费，或者完全拒绝签发许可。其目的往往是逼迫中国企业完全停产，退出市场。相反，如果知识产权人不生产相关产品，或者有关的专利产品占有的市场份额不太大，那么它往往愿意签发许可，收取一定的使用费。

其实任何企业都不希望进入诉讼的持久战。因为诉讼一旦发动，必须要投入很多的精力，开支庞大的费用，更重要的是专利诉讼的时间非常漫长，经过一审二审再加上"反诉"的知识产权无效等程序，可能要好几年时间才能结束纠纷。而对于现代企业，"时间就是金钱，效率就是生命"，市场瞬息万变，知识产权尤其是专利和技术秘密也高速地更新换代；如果企业将大量的时间投入诉讼，就算最终打赢了官司，也许已经失去了最佳的市场，得到的只能是费力不讨好的结局。

2004年3月，韩国LG称长虹彩电的高频头（负责高频信号转换的部件）侵犯了它的知识产权。一个高频头的成本仅人民币18元左右，而LG要求收取的专利使用费就达到1美元。这样LG的目标很明确，就是专利遏制，没有多少专利授权的可能性。

2. 创造和解的条件

在知识产权纠纷中，双方都比较明白，双方的目的是为了赢得商业利益，并不是"为战而战"。所以纠纷解决要"有理、有利、有节"。如果我方在诉讼中有过硬的证据，那当然应该坚决打下去，以求一次性地解决问题，赢得根本性胜利。但现实是，没有一个知识产权反击者有绝对的把握，知识产权律师的意见也只是"个人观点"，不能作准，最后作决定的是陪审团（美国）和法官。所以，在和解条件具备的条件下要尽量和解，不存在和解条件"创造条件也要上"，尽量减少专利诉讼双方经济上的损失。

在知识产权纠纷中，"有理"的情况下还要考虑有利可图。商场上"没有永远的朋友，也没有永远的敌人，只有永远的利益"，竞争对手在很多情况下又是合作伙伴。特别是对在技术上处于弱势的中国企业来说，综合考虑经济利益要比拼死拼活打赢一场诉讼要来得实惠。所以在法院作出最后判决前，国外知识产权纠纷90%以上会提前和解结案。所以中国企业也要学会"有节"，一旦获得相当利益，就不要不依不饶、追究到底。

如果知识产权纠纷的相对人发起纠纷的目的在于保护自己的"奶酪"，而被诉的中国企业又没有还手之力，那它所能做的就只能是努力创造和解的条件，先退出对方的目标市场。在美国思科公司诉华为一案中，双方调解的基础就是华为让步，撤回全部涉嫌侵权的产品。这种方法还会在以后的中国企业专利诉讼中出现，因为我国的生产基本上是在没有知识产权保护网的前提下进行的。

采取回避对方专利的技术设计或购买能否定对方专利效力的第三方专利，也能使中国企业在和谈中居于主动地位，迫使对方接受谈判条件。

3. 以战促谈

如果国外知识产权人不接受中国企业提出的条件，而中国企业还有一定的有利证据，那就可以"以战促谈"，或者放缓时间节奏，采取对抗态度，或者反诉对方侵权，促成双方和解。

十五、商务关系风险

为了给侵权企业足够的压力，专利权人直接向被告企业发出律师函的同时，一般还会选择重要客户和销售渠道合作企业发出警告书。在诉讼过程中，权利人也会不断向被告企业的上下游合作伙伴施压，间接影响被告企业的决策。这在海外专利诉讼中尤其常见，给中国企业带来很大的运营风险。

商务关系风险会影响企业的整体运营，需认真对待，具体的应对措施包括：

1. 提前知会

在直接回复律师警告函的同时，企业也应该联系有关合作伙伴，了解是否收到有关律师函件，并耐心解释有关问题，让对方相信自己；有时候，在知识产权纠纷的相对方没有向合作伙伴发出律师函件前，中国企业也应该预先向他们说明有关情况，以避免不必要的市场损失。

知识产权侵权纠纷对企业经营的影响很大，虽然很多被指侵权的企业会对媒体宣称没有影响。如何在收到知识产权侵权指控时管理客户关系，维持企业正常运营，这是每个企业都要仔细考虑的问题。应该说受到影响的包括上下游所有合作伙伴，但影响最大的是下游的客户，因为他们会直接承受侵权诉讼的威胁，产品和货物有可能会被查扣。如果不提前知会，就有诚信危机，影响整体合作。

2. 合同条款设计提供保障

在签订合作合同时就加入侵权责任转移条款，由被指控侵权人自己承担有关知识产权风险，那知识产权纠纷对客户的影响就会小得多。

在纠纷发生后，如果有必要，企业可以与重要客户拟定新的合作合同，将客户可能遭受的知识产权侵权损害承担下来。这是最根本的解决方法，是企业对自己产品没有侵权、企业可以打赢知识产权诉讼或企业对自己的知识产权储备有信心的体现。但这么做的企业不多，因为知识产权纠纷处理过程和影响因素复杂，没有企业对纠纷的解决有百分之百的信心。

3. 回避设计

专利的回避设计是合法竞争行为，是指为避免侵害先前专利的保护范围而进行的后续创新与设计。当受影响的客户或产品市场相当重要时，不管被判侵权的风险大小，为维持产品正常出货以及与合作伙伴间的关系稳定，专利回避设计不失为解决侵权问题的良策。

在发现自己产品有侵权可能性时，企业就应该开始着手进行回避设计，以降低合作伙伴的恐惧感，同时减少自身的运营风险。

"337"案件不会作出损害赔偿的判决，但侵权被认定成立后，ITC会禁止产品进口，同时发出停止销售的停止令，这会使得被告的产品在美国市场的供应中断，对被告造成长久的损害。所以必须提前考虑回避设计，使产品供应不致中断。

但产品的回避设计时间很紧，在337案件尤其是这样，因此，应在组织人员作应诉准备的同时，组织一支强有力的技术团队，专门负责回避设计的工作。这样，就可以利用其案件调查期间，完成回避设计。如果回避设计方案被客户认可，同时也得到ITC行政法官认可，在ITC发出有限排除令时，新一代产品就可以排除在案件调查之外，产品供应将持续不断，不会受ITC的排除令影响。

4. 和解保客户

有时候，企业须基于市场及客户利益考虑，与专利权人进行和解谈判。在2001年时，鸿海公司与美国FCI公司有关连接器技术专利侵权告诉一案中，鸿海为解除客户Intel出货受阻的疑虑而与FCI进行和解。这说明企业应该对诉讼做整体的评估，不仅停留在技术面及法律面，市场环境也是考虑的重要因素。反面的典型是威盛。该公司与Intel的专利侵权诉讼持续多年，最后在威盛经营团队的努力下，于2003年4月与Intel达成和解，但是，当时的威盛因没有对继续诉讼或和解作出正确的评估，没有把握好和解契机，导致企业业务一落千丈，逐渐淡出市场。

5. 媒体缓解信心危机

在遇到专利纠纷时，企业可利用商业广告及媒体舆论来对专利权人施压。媒体的力量常常能够让证据不足的对方知难而退，更能修补因诉讼而受损的商誉，提高客户的信心。

例如在2005年的eBay与MercExchange的专利诉讼中，eBay被控侵权3项专利，其中两个专利被地方法院和联邦巡回上诉法院先后裁判无效，而另有一个专利则有效且被法院确定侵权。eBay为稳定市场，在巡回上诉法院判定一项专利无效时，就大做宣传，在判决的当日，发表如下声明："对于联邦巡回上诉法院今日将MercExchange的一件专利宣告无效的决定，eBay

表示欣慰，这代表相关的损害赔偿也被一笔勾销了。可能发出展望未来，我们相信地方法院基于其他专利所的禁令将不会对于我们的商业运作有影响，这是由于我们早已经依据地方法院原来的判决将系统进行相关修改。美国专利商标局目前正积极地对于所有MercExchange的专利进行再审查的工作，也已经发现MercExchange的专利范围存在诸多有效性的问题，并已经初步将MercExchange一件专利的所有申请专利范围作出无效决定。在对抗MercExchange的立场上我们信心十足，而且相信这些事件将不致对于我们的商业运作有影响。"

6. 不侵权鉴定报告

被指控侵权的企业还可以请知识产权律师对产品做分析，对有关专利进行彻底调查，出具不侵权的律师鉴定报告。如被指控侵权企业在被指控前花钱请知识产权律师对产品做了分析，这样的书面法律意见就会使故意侵权的指控不攻自破。

在遭受专利诉讼之时，企业可将此鉴定报告结果向客户说明，以解除其疑虑。专家指出，要证明别人的专利无效是很困难的，因为涉及技术比对的问题，企业若接到专利侵权警告函，可寻求律师出具"未侵害专利"的法律意见书，取代提起"该专利无效"的反诉，以有效避免侵权争讼，同时让客户放心。

7. 产品替代

也就是以替代产品维持客户供货稳定。在侵权诉讼发生时，客户最在意的事情无不是供货是否能更够稳定，因此，不但要在风险分摊原则下考虑对客户声明将赔偿损害以示负责外，还应该向渠道提供替代产品或以专利规避设计的方式设计的新产品，以维持其出货稳定。

十六、舆论风险

很多专利权人会利用知识产权纠纷来达到遏制竞争对手的目的，主要是为了市场，侵权赔偿的追求反在其次。所以很多专利权人在诉讼过程中不断制造舆论，打击竞争对手商誉，提高自己的品牌价值。企业在发送律师函或者提起诉讼后，专利权人会通过媒体来制造舆论，或者寄信给对方企业的上下游合作伙伴，以此来影响市场竞争。所以诉讼被告面对的舆论风险要远远大于专利权人。

舆论风险的应对和控制应该集中在企业的市场部或者公关部，统一舆论出口，在不利的情况下积极争取社会的舆论支持是风险控制的关键。

第四节　专利管理风险

知识产权是企业无形之产中最有形的资产，特别是经过审查授权的专利。资产管理的核心目的是提高收益率、减少成本支出、化解回避风险，所以风险管理是专利资产管理的重要内容。

专利资产管理的内容包括档案管理、日常维护、质量管理等，每个方面都有不同的风险。具体来说，专利资产权利经常遇到的风险见表3-5。

表3-5　专利资产权利风险列表

风险节点	风险事项	基本描述	风险识别	风险评价	风险应对措施
日常管理	专利档案管理风险	因为专利档案管理不到位导致的风险	内部监控；专利代理人沟通	影响答辩；影响维权；影响专利运用；影响价值评估	加强档案管理；专门机构；专业员工；软件辅助
	专利提前终止风险	因未及时缴费和未及时申请续展而导致专利权终止	内部监控	资产流失	加强内部管理
	专利无效风险	被他人申请宣告无效，企业应对不当导致专利失效	内部监控	资产流失	加强专利管理能力；监督专利代理人的工作
专利质量管理	专利质量风险	由于没有适当管理导致积累太多低质量专利	专家咨询	成本过高；优秀技术得不到保护	加强内部专利质量管理
	专利组合风险	在设计专利组合的过程中出现的风险	专家咨询	专利维持成本增加；组合得不到预定效果	专利价值动态评估；专利信息收集分析为基础
	组织专利池风险	由于标志选择失误导致注册商标保护力度不足	专家咨询	专利实施受影响；竞争对手增加	注意专利池规则；其他专利联盟参与者；规则约束
	参加标准风险	专利标准化过程中存在的风险	专家咨询	专利实施受约束达不到目的	注意标准组织的知识产权规则；对加入标准的专利进行选择

一、档案管理风险

企业知识产权档案包括版权登记（计算机软件著作权登记、集成电路布图设计登记等）、商标注册申请、专利申请等相关文件和资料。

专利档案包括从技术项目的立项、研发进程中的各个环节（包括试制、试验、申请专利的原始文件、修改过程文件、专利申请受理通知书、专利证书、专利年费缴费发票、专利文件变更记录等）。企业应根据自身专利工作特点，按照一定的主题和类型进行必要的归纳和整理，才能发挥其原始的、直接的、完整的法律证据作用，只有这样，才能确定企业知识产权权属关系，识别企业自身拥有的知识产权，也可以作为制止他人侵权和不侵犯他人知识产权的基本条件。

同时，通过对企业专利信息的管理也可以监控市场动态，进行专利风险预警，了解竞争对手新产品开发情况和专利布局情况，在企业知识产权受到侵犯时积累完备的专利档案。

该风险的应对措施包括：成立专门的知识产权管理部门或专利管理部门；指定专人负责专利档案管理；利用计算机系统进行档案管理等。

资料

专利情报

专利情报是20世纪90年代以来在国际上迅速突现出来的一个新概念。作为竞争情报（Competitive Intelligence，CI）的一种，专利情报可以通过对专利文献的研究分析，作出关于竞争环境、竞争对手和竞争策略的客观判断。专利情报的出现，是国家、集团和市场竞争发展的客观需要，是社会信息化迅猛发展的必然结果，是信息作为一种战略资源的重要体现。专利情报为企业提供了一种合法地去了解、分析对手，以最终战胜竞争对手的有效手段。

随着人类社会日益进入信息社会以及计算机科技日新月异的发展，专利情报在企业界得到越来越多的应用，理论也渐趋成熟，形成了比较完整的理论体系，也为专利情报产业的出现和发展奠定了坚实的基础。

其实对于情报的收集和重视不是什么新鲜事物。孙子兵法的精要就在于情报战。专利情报作为国家、企业及个人竞争的手段也是顺理成章的事。据统计，世界上发明创造成果的90%以上都能在专利文献中查到。其中，约有70%的专利文献未在非专利文献中发表过。而竞争情报的75%可从公开资料中获取，公开出版的专利文献已成为带动技术进步与经济蓬勃发展的火车头以及企业获取竞争情报的一个重要途径。试想，如果一个外星人乔装打扮到地球上来想要了解人类的发展和能力，他只需要研究一下各国的专利文献就可以了。

具体地讲，从专利文献中我们可以获得法律情报，技术情报和经济情报。

法律情报

专利文献首先是一种法律性文件，它所公布的权利要求，其申请日期，颁发日期，优先权日期等著录项目具有法律效力。具体的法律情报在专利文献中通常通过以下几个方面显示出来：

（1）专利说明书中的权利要求（Claims）是专利申请的核心部分，是专利申请人请求法律保护的技术范围。在法律上，专利纠纷的焦点首先是要看专利的权利要求条款是否受到侵犯。只有在相关专利的权利要求受到侵犯时，该法律诉讼才有必要进行下去。

（2）专利申请日期是专利取得法律保护的开始。从这一天起，专利权利要求中所列出的技术内容在法律上将受到保护。专利有效期，也就是受保护期限的长短也往往根据这一天来计算。但各国对专利权有效期的算法有不同的规定，并不是所有的国家都是根据申请日期来断定有效期的。

（3）承第二条所述，专利颁发日期在有些国家被用来作为计算专利权有效期的依据。

（4）专利优先权日期是指专利申请人就同一发明第一次向某PCT成员国提出申请后，在12个月之内又向其他成员国提出申请时，其申请日期可享受优先权日期，也就是在第一个国家申请的日期。有优先权日期的专利，其受法律保护的时间就得到了相应的提前。

（5）相关专利条款。很多专利是以前的专利的分支（Divisional Patent），延续（Continuation In Part，CIP），重新颁发（Reissue），或合法继承某些专利的权利要求。这样的专利也事实上造成其有效期，或优先权日期的提前，其法律效力也有很大的改变。但不是所有的国家都有此条款。

（6）以上五条中，根据第四条和第五条可以得出专利的同族专利信息。在评估一项专利的法律效力时，同族专利是不得不考虑的一部分。

技术情报

对于技术情报的掘取，可以说专利文献是最可靠和最全面的来源。专利文献不仅详细记载某特定技术领域的最新解决方案，而且还涉及广泛的相关科学技术领域。这些技术信息可以从专利的权利要求、附图、专利技术分类号、摘要、名称、引用文献等条款中反映出来。

虽然各国专利条款不尽相同，但大多数国家都使用统一的国际专利分类法（IPC）。因此，通过国际专利分类号来判断专利的技术领域是一个通用、简单易行的方法。用此分类，同一类别的专利文献高度集中，基本上展现了某一技术领域里最先进技术情报的全貌。

经济情报

经济情报我们可以分为宏观和微观来看。宏观上来讲专利能反映某一项发明潜在的技术市场和经济势力范围。比如专利文献中同族专利的数量，就是重要的经济情报之一。如果一项日本发明先后在美国、德国、法国、英国、奥地利、中国等国家申请了专利，这说明该发明已经在世界上占有一定经济、技术及法律地位。另外，从一个国家的专利申请、审批情况可以判断该国、该地区的经济、技术发展概况，还能看出国家、地区间的竞争性或互补性。

微观上来讲，企业及个人可以通过对专利的分析来收集有价值的信息和资料，制订相对应的策略和战略。比如，

（1）找出本企业和竞争对手之间的技术相对优势。这大体反映在本企业的专利拥有情况和竞争对手的专利拥有情况的对比上。知道了各自的相对优势，就可以扬长避短，扩充自己的优势项目，并适当放弃劣势项目，以免撞倒在对方的专利围墙下。

（2）了解对手的战略意图。通过分析竞争对手的专利申请颁发概况，包括申请数量、涵盖技术领域、空间地域、合作对象等，来推断其最新专利战略及企业发展战略。

（3）确定产品设计开发方向。通过一个完全的技术领域分析，确定该行业的技术发展趋势，正确作出产品设计项目的决策等。

二、提前终止风险

专利法规定，专利权人应当自被授予专利权的当年开始缴纳年费。没有按照规定缴纳年费的，专利权在期限届满前终止。

在实践中，因为未按时缴纳专利年费或未按要求申请商标续展而导致企业专利权、商标权丧失的情况时有发生。为了避免因这种疏忽而导致的企业知识产权流失现象，在专利方面，企业应当按照《专利法》及其实施细则以及国家知识产权局的有关规定，按时提交有关材料，缴纳专利年费。

三、专利无效风险

专利授权后，如果存在瑕疵，任何人都可以向专利局提起宣告该专利无效的申请。如果企业疏于应对或者应对不当，就会丧失专利权。

该风险应对的措施是加强内部的专利无效纠纷应对能力，积极收集对自己有利的证据，积极参加专利局的相关程序。如果聘请了专利代理人处理无效事宜的话，还应该同时监督外部专利代理人的工作。

四、专利质量风险

亲专利文化的发展会给企业带来越来越多的专利储备，但如果管理不到位，不能及时清理低质量或者价值不高的专利就会带来很大的成本风险，也

会给高质量专利的申请带来负担，从而影响整个企业的专利布局，影响企业的专利竞争能力。

该风险的应对措施是定期对已授权专利进行评估，淘汰低质量专利，提高专利储备的整体质量。

五、专利组合风险

专利组合（Patent Portfolio）的主要目的是企业根据所拥有专利的使用率与潜在价值，配合专利分析来寻找核心专利，并以核心专利为中心，申请布局一系列专利，形成有效的专利群，保护企业的研发生产自由，保护企业的市场竞争能力。

高质量的专利资产应当是专利的组合，应当是围绕某一特定技术形成彼此联系、相互配套的技术经过申请获得授权的专利集合；高质量的专利资产应当在空间布局、技术布局、时间布局或地域布局等多个维度有所体现，是一个立体的专利网络。高质量的专利组合资产可以最大化地发挥每件专利的作用，打破单个专利的地域性和时间性的效果。

专利组合不当可能增加企业的成本负担，使专利的创造、运用、维权都受到影响。

专利组合风险的应对措施包括：

1. 以动态专利价值评估为基础构建专利组合

专利作为一种无形资产，其价值是动态变化的，但这种变化与传统的固定资产、无形资产随着时间的减值或增值并不一样，专利价值会受其技术方案的市场地位、技术地位和法律地位以及其他专利的影响而变化。

企业首先应当建立企业内部的专利价值评估体系，包括专利价值评估委员会、专利价值评估方法、专利价值管理平台等；其次应当将企业专利价值评估体系充分与专利规划和布局结合起来，即在进行专利规划和布局之前，企业要对本行业内的专利价值分布状况和主要竞争对手的专利分布状况做一个大致的评估，并结合经营战略制定大致的专利价值规划目标。

但是，企业在进行专利规划和布局的过程中，专利价值评估应当贯穿始终且动态进行，即专利价值评估应当从专利的提案点开始，贯穿技术交底书、专利申请、审查意见的答复、专利授权或驳回、授权之后的专利维护、专利的运营等专利权生命周期之中。

2. 以专利情报分析为基础规划专利组合

值得注意的是，企业在进行专利规划和布局、积累高质量专利组合资产的同时，也应该加强对专利信息情报的分析。笔者认为，企业应当结合专利规划和布局的需求，对选定的专利数据进行宏观分析，了解某一技术领域的技术发展方向、技术分布态势以及主要竞争对手专利的优势、劣势、产业链和供应链的专利分布情况，并结合本企业的经营战略需求，圈定大致的专利规划和布局的重点技术领域。同时，企业通过对重点专利的解读，在挖掘可以进行专利和布局的点之后，还要结合研发情况，围绕挖掘出的专利点进行上下游产业链和关联技术的拓展，以便挖掘更多的专利点。不仅如此，企业还应该绘制己方专利的价值分布图，并与竞争对手专利价值分布结果进行对比分析，完善自己的专利规划和布局。

六、组织或参加专利池风险

在专利丛林时代，没有所有专利持有人的参与，新的产品就很难上市。专利诉讼越来越频繁，专利对社会的效益越来越低下。在这种情况下，出现了企业之间的专利联盟，称作"patent pool"，一般译作"专利池"。

"专利池"是专利的集合，最初是两个或两个以上的专利所有者达成的协议，通过该协议，将一个或多个专利许可给一方或者第三方，后来发展成为"把作为交叉许可客体的多个专利权放入一揽子许可中所形成的知识产权集合体"。进入"专利池"的企业可以使用"池"中的全部专利从事研究和商业活动，而不需要就"池"中的每个专利寻求单独的许可，"池"中的企业彼此间甚至无须互相支付许可费。"池"外的企业则可以通过一个统一的许可证，自由使用"池"中的全部知识产权。

专利池可以减少专利技术使用者的专利许可成本，推进技术的商品化、产业化。对企业个体来说，专利池可以给企业技术占领市场提供快速通道，共享同行的专利资产，提升企业的竞争力，同时也可以打击压制没有加入专利池的竞争对手。

组织和参加专利池面临的风险主要是专利池没有实现预定的策略目标，或者专利池限制了企业的专利运用活动。

应对上述风险的措施有：①确定专利池运营规则。专利池是否能在行业尽快得到认可，是否能为市场所接受，关键在于专利池运营规则。包括组织原则、入池专利标准和流程、许可范围、授权管理机构、收费对象、收费模式、专利许可方式等。②选择入池专利。企业甄选自己的入池专利，在利益最大化的同时保证专利组合运用的自由。

七、专利标准化风险

通过将自己的专利"标准化",企业可以获得行业竞争优势。在标准组织中,具有会员资格的企业可以提交技术文件并参与不同技术规格制定小组的工作。在此过程当中,企业一方面可以宣传本企业所支持的技术标准,争取将包含专利的自有技术被采用成为技术标准。一旦握有标准中的专利,企业在未来的市场上就可获得技术与成本上的优势,同时轻易获得专利许可收入。参与标准组织后,企业会与标准组织及其他会员建立起一定程度的信息网络。这些会员都是本行业的代表厂商,企业可以通过这些关系了解行业竞争状况。企业也可以借此掌握最新的业界的动态变化消息,用于企业技术与产品管理。

将专利标准化也存在很多风险,主要风险是影响自由专利组合的使用,近期三星公司在使用标准化专利对抗苹果的事例就是证明。该风险的应对措施一是了解有关标准组织的知识产权规则,二是是合理规划和选择加入标准的专利。

案例:华为标准活动

为了减少标准专利化的威胁,中国企业,尤其是大型的高科技企业,必须积极参与到"专利标准化"的大潮中去,参加国际国内各种标准化组织,参与到标准制定过程中,积极将自己的技术和专利纳入国际标准体系。在这方面,华为公司科技比较领先。华为公司积极参加国际标准化组织,到目前已经加入了83个国际标准组织,是ITU、3GPP、3GPP2、OMA、ETSI和IETF等国际标准组织的成员。华为公司于2001年1月成为ITU部门成员的,是中国第一批获此资格的企业之一。2006年,华为公司一年之内向包括国际电信联盟、第三代合作伙伴计划在内的78个国际标准组织,提交了2900多篇文稿。

为处于科技领域的前沿,华为还全面参与国际电信技术的标准组织,共加入123个国际标准组织。有300多名华为的员工活跃在这些组织机构中,用他们的影响力为中国通信企业争取更有力的话语权。

华为从2004年开始在各个产品线正式成立了预研标准部,隶属于各个产品线,下面一般还分为标准专利部、预研一部、预研二部、预研三部、规划部等。而这些部门主要的工作就是:跟踪了解业界最新的动态,并进行一些原型开发和发明专利的申请,并将华为的专利逐步放入一些国际标准内。提交大量的标准提案的做法,为华为海外市场铺平了道路。

第四章

商标风险管理

商标是企业商品或服务的标志，用来标示商品或服务系由某一企业生产或提供，同时商标也是企业提供的商品或者服务质量的表征。

"即使一夜之间，全世界可口可乐的工厂被全部烧掉，但只要拥有可口可乐的商标，一夜之间又可以全部恢复。"这是业内关于商标价值最津津乐道的一句话。随着商标价值的不断放大，侵害商标的行为也以各种形式表现出来，如抢注、假冒、滥用、淡化等。如何保护企业的商标，避免各种风险，使企业的品牌增值成为现代企业商标管理的重要课题。

商标风险管理在很多方面与专利大同小异，本章不再重复。本章集中介绍商标资产管理风险，特别是商标淡化的风险，因为商标淡化风险在这几年出现了很多问题，需要引起企业的极大注意。与专利相比，商标创造方面的风险管理也有其特殊性，所以本章也作了较为详细的介绍。

第一节　商标创造风险

世界各国的商标保护制度可以分为两大类：注册制度和非注册制度。注册制度是指一项商标必须依法获准注册后，才能得到法律保护，取得商标权，注册时通常不以该商标实际使用为前提。非注册制度是指一项商标无需注册，仅通过使用就可以取得商标权。

我国实行商标注册制度。商标使用人对于自己的商标，必须依照有关法律的规定经过申请，由商标主管机关审批并核准注册后，才能取得商标权。商标创造就是指企业根据自身品牌推广的需求审计商标、并在商标行政管理机关申请商标注册。

商标注册原则

《商标法》对商标注册规定了以下几个原则：

（一）申请在先原则

两个或两个以上的申请人，在同一种或类似商品上，以相同或者近似的商标申请注册的，初步审定并公告申请在先的商标。只有在两个或两个以上的申请人于同一天申请注册相同或近似的商标时，才初步审定并公告使用在先的商标。

（二）集中注册原则

由国家工商行政管理局商标局统一办理全国商标注册工作。一个注册商标的保护期限为十年。十年

一、权属纠纷风险

很少有企业自己设计商标图形，一般都是委托他人代为设计。这种情况都会出现图形的著作权权属纠纷风险。根据著作权法，受委托创作的作品，著作权的归属由委托人和受托人通过合同约定。合同未作明确约定或者没有订立合同的，著作权属于受托人。也有中小企业从各种渠道获得各种图形、图片，稍作修改或者组合后就申请注册为企业商标，这种情况下权属风险发生的可能性更大。如果企业商标所用标志的著作权不属于本企业，则会给商标的使用带来很多方面的风险。

该风险的应对措施是在委托设计合同中明确约定有关作品的权属。

商标创造风险包括权属纠纷风险、权利冲突风险、品牌不能获得足够保护等6项（见表4-1）。

二、权利冲突风险

在先权利，是指在注册商标申请人提出注册商标申请以前，他人已经依法取得或者依法享有并受法律保护的权利。商标法规定，申请商标注册不得损害他人现有的在先权利。如果企业商标使用的标志侵犯了别人在先申请注册的商标权、名称权、肖像权、著作权、外观设计权、商号权、域名权等，都会影响企业的商标注册；即使侥幸获得注册，权利也不稳定，随时有被撤销的可能。

该风险的应对措施是在专利标志选择时进行全面的在先权利查询审核，在采用名人的姓名和肖像权申请注册商标时要先取得其本人的授权许可。

之后可以续展使用。

（三）自愿注册与强制注册相结合原则

自愿注册是指商标是否注册，由生产者或经营者根据需要而定。我国原则上实行自愿注册制度，但对极少数商品实行强制注册，如法律规定人用药品和烟草制品必须使用注册商标，否则不得在市场上销售。

表4-1 商标创造风险

风险节点	风险事项	基本描述	风险识别	风险评价	风险应对措施
标志选择和设计	权属纠纷	委托外部人员设计造成权属纠纷风险	合同审查；法律纠纷	资产流失；法律纠纷风险	委托设计合同中明确权属
	在先权利冲突	选择的文字、字母与别人在先权利如商标/商号、域名冲突；图形与别人的著作权、外观设计专利权冲突	专家咨询；信息查询；法律纠纷	商标注册失败；商标稳定性	在选择商标标识时进行在先权利查询、审查
	不能获得足够保护	由于标志选择失误导致注册商标保护力度不足	专家咨询	注册失败；容易淡化；影响全球布局	申请文字图形组合商标；考虑标志的显著性；选择适当的商标分类；发掘企业未受关注的商标标志；商标、商号和域名一体化；使用企业有版权或专利权的标志作商标
申请注册	注册申请驳回	商标管理机关驳回当事人的注册申请	驳回通知；代理机构；专家咨询	注册失败；成本和时间损失；商务推广受影响	注意法律规则；注册申请前查询；及时注册
商标布局	海外商标布局失败	在国外申请商标失败	专家咨询	国外市场拓展受影响	标志选择国际化；了解注册国商标规则；选择合适的商标注册代理；选择合适的申请渠道

资料：商标商号权冲突①

　　企业商号，就是企业的字号，是指企业名称中除行政区划、行业或者经营特点、组织形式外显著区别于其他企业的标志性文字。例如"华为技术有限公司"的商号就是"华为"。商号和商标都是企业的品牌标志，相互之间有关联关系。商号与商标经常一起出现在同一商品上，商标可以登记为商号，商号也可以注册为商标。

　　我国商标与商号分别由两个部门主管，商标主管部门是国家商标局，所以在全国范围内有唯一性。商号却由各个县级以上的工商局来注册，一般情况下各工商局只在本行政区范围检索，如果没有发现有相同的商号即

---

① 《从沸腾鱼乡天津维权看商标与商号的冲突》，来源于《哲力知识产权》。http://wenku.baidu.com/view/f84fdd2cf111f18582d05a17.html.

给以注册，商号只能保证在县级行政范围内的唯一性。这就造成了此起彼伏的商标商号冲突纠纷。

由于商标和商号可以互为注册或登记的特点，一些不良企业就利用了这一点，将与他人的知名商标相同或近似的文字等登记为企业的商号使用，或者将与他人知名企业商号相同或近似的文字等注册为商标使用。目的是使消费者误认为产品或服务出自同一来源或有相关联系，借用别人的品牌赚取额外利润。"沸腾鱼乡"商标纠纷案件就涉及商标与商号问题。

2001年1月11日，北京沸腾鱼乡餐饮有限公司向国家工商行政管理总局商标局申请注册"沸腾鱼乡"图与字的组合商标，2002年5月7日被核准注册在服务分类第42类"餐厅、餐馆、饭店"使用。北京沸腾鱼乡以自行开设或者特许加盟的方式，在济南、沈阳、杭州等地相继开设了7家餐厅，并统一使用"沸腾鱼乡"注册商标。

北京沸腾鱼乡却发现仅在天津河西区，就有两家名为"沸腾鱼乡"、主营水煮鱼的餐饮公司——天津市河西区沸腾鱼乡酒楼和天津市沸腾鱼乡餐饮有限公司。这两家企业分别于2001年8月24日和2002年7月5日依法成立，其主要股东均为胡志强一人。两家企业经营过程中，在店门牌匾、菜谱、筷子套、订餐卡等处大量、突出使用"沸腾鱼乡"字样。鉴于此，北京沸腾鱼乡把天津这两家公司诉至天津市第二中级人民法院。

一审法院认为，被告天津市河西区沸腾鱼乡酒楼业主胡志强在先取得企业名称权，有权继续使用自己的名称，虽然客观上与原告的文字部分相同，原告无权禁止他人合理使用自己的字号。法院驳回了原告的诉讼请求。北京沸腾鱼乡公司上诉至天津市高级人民法院经二审审理，判决被上诉人天津市沸腾鱼乡餐饮有限公司立即停止将"沸腾鱼乡"字样作为企业字号或者在其他经营活动中单独或突出使用，并赔偿上诉人北京沸腾鱼乡经济损失7万元人民币。但对上诉人同时提起的诉天津市河西区沸腾鱼乡酒楼业主胡志强一案，则维持原审法院判决，认定被上诉人胡志强在天津市河西区沸腾鱼乡酒楼中使用"沸腾鱼乡"字号为合法使用，不构成侵权。

案例："合成"商标侵权

厦门世纪阳光公司将《中国京剧脸谱》画册中"盖苏文"京剧脸谱图和威尼斯面具图"组合制作"，稍作修改，合成了企业商标并加以注册。该脸谱的创作者赵先生发现该商标与自己的作品大同小异，提起赔偿诉讼，认为厦门世纪阳光公司在商业活动中使用自己的作品时，未经本人许可，没有注明作者姓名，也未支付给自己报酬，严重侵害了自己的著作权。他起诉要求对方立即停止侵权行为，并赔偿经济损失20万元。

经审查，法院认为原告赵先生享有《中国京剧脸谱》画册中"盖苏文"京剧脸谱美术作品的著作权，其权利应受法律保护。被告世纪厦门阳光公司未经原告许可，擅自将赵先生的京剧脸谱美术作品修改并与其他图片合成制作为企业LOGO，注册为商标，在其公司网站上宣传使用，侵犯了原告赵先生对讼争作品的署名权、修改权、复制权、信息网络传播权，应当承担停止侵权、赔偿损失的民事责任。

三、品牌不能获得足够保护风险

如果商标图形或者文字选择不当，或者商标保护类别选择不全面，企业就会面临品牌资产得不到全面保护的风险。

该风险的应对措施就是进行全面的商标布局工作，具体措施如下：

1.整体规划

商标注册是企业的百年大计，不能敷衍了事，需要整体规划，从企业发展的整体战略和整体规划来考虑商标注册计划。一般来说，企业需要聘请商标注册的专家，向其说明和解释企业的整体发展战略，要求他在此基础上策划一套商标注册规划。企业管理者有必要认真探讨和考虑该规划，作出有利于企业品牌规划的决策。

有的企业在商标注册时只考虑省钱，只注册相同或相似单一产品类别，结果企业业务扩展后发现别人已经在其他商品类别上注册了商标，企业只能绕道而行或者花钱收购。

有的企业只考虑国内市场，没有考虑产品走向国际后该商标的保护或者"国际适应能力"，只好在国际化时放弃已有商标重新设计品牌。联想原有的商标是"联想"，但产品走向国际后发现这个词（Legend）在国外已经有人注册了，联想公司只能注册新的商标"Lenovo"。

2.事先查询

在企业提交商标注册申请前，应确定自己的商标是否与别人的商标相同或近似，以避免被商标局拒绝注册。因为拒绝注册不但耗费人力财力，更耽误企业的整体商业规划。

商标注册申请前查询有两条途径：一是"中国商标网"提供免费商标查询信息，任何人都可以登录"中国商标网"点击"商标查询"栏目进行查询；二是委托商标代理公司进行商标查询，但需缴纳商标查询费。

3.提前申请

商标专用权的确立需要一定的时间来履行法律程序，所以不能做到立即申请立即批准，因此需提前申请。

一般来讲，在企业递交注册申请资料的2~3个月后会拿到商标局的受理通知书，接下来是商标局6个月的实质审查期。

经过实质审查，凡符合《商标法》有关规定的商标申请，商标局予以初步审定，并予以公告，凡不符合规定的将驳回申请，发给申请人"驳回通知书"。商标局认为商标注册申请内容可以修正的，发给"审查意见书"。申请人在限期内予以答复的，商标局继续审查。

通过初步审定的商标在《商标公告》上公告，公告期3个月。任何人均可提出异议。当事人对商标异议裁定不服，可向商标评审委员会请求复审，商标评审委员会将会作出终局决定，并书面通知当事人；如顺利通过实质审查，公告期内无异议或者经裁定异议不成立的，由国家工商行政管理总局商标局核准注册。可在公告期后的4个月后拿到商标注册证书。

以上是商标审查的一般流程和期间，即使一切顺利，也需要两年左右时间。

4.申请文字图形组合商标

任何能够将自然人、法人或者其他组织的商品与他人的商品相区别的可视性标志，包括文字、图形、字母、数字、三维标志和颜色组合，以及上述要素的组合，均可以作为商标申请注册。但企业一般都会在文字、字母之外选择图形标志。图形商标比较直观，艺术性强，并富有感染力，不受语言的限制，不论哪国人讲何种语言，一般都可以看懂。

5.考虑标志的显著性

选择商标标志需要考虑商标的显著性。没有显著性的商标不能获得注册，即使获得注册也保护力度不强，且容易被淡化。

根据显著性，可以将文字商标标志分成四类：

（1）创意性商标。又称为"臆造性商标"，就是本没有这个词，由企业自己创造出来的，例如"sony"，其本身没有英文含义。这样的商标显著性最强，申请注册时易被授权。但这样的商标难于记忆，且没法"借力"，难于推广宣传。

（2）引申类商标。又称为"任意性商标"，商标标志本身有含义，但企业将该词注册到完全不相干的商品领域，如"苹果"电脑、"大白兔"奶糖。这类标志具有显著性，但要通过宣传让用户将产品与商标联系有一定难度。

（3）暗示性商标。又称为"联想性商标"，就是商标标志的含义与产品的形态、原料、特点有一定的联系，但不明显，客户需通过想象才能发生联系。例如"飘柔"洗发水、"美加净"化妆品。 暗示性商标显著性大打折扣，在申请注册时常常被驳回，但经过调整修改后还可以获得注册。这样的商标易于用户记忆，易于将商品和商标相联系。

（4）描述性商标。就是直接标明了所标志商品的质量、主要原料、功能、用途、重量、数量及其他特点的商标标志，如"热得快"（热水器）、"敌杀死"（农药）。这样的商标缺乏显著特征，一般不能立即得到注册，只能作为非注册商标使用。经过长期使用取得显著特征，并便于识别后，才能获得商标注册。

总的来说，企业可以将企业的总商标设计得抽象一些，选择创意性商标或引申商标，通过长期宣传推广获得认可，利用其显著性提高保护壁垒。具体产品的商标可以采用暗示性商标，易于具体商品的推广。企业应避免描述性商标，因为很难获得注册。

6.选择适当的商标分类

商标是区别商品或服务来源的一种标志，每一个注册商标都是指定用于某一商品或服务上的。如提到长虹，人们会想到彩色电视机；提到茅台，人们会想到酒；提到美加净，人们会想到化妆品等。应该说，离开商品或服务而独立存在的商标是不存在的。所以在办理商标注册申请时，正确表述所要指定的商品或服务及其所属类别，是商标申请人（代理人）首先会遇到的问题。

根据国际通行规则，我国商标注册实行按类别注册，所有商品和服务共分为45个类别，商标注册用商品和服务国际分类共有45个类别，其中商品34个类别、服务11个类别。指定使用在商品上的商标为商品商标，指定使用在服务上的商标为服务商标。

商标局的查询检索系统是按照商品及服务的类别设立的；《商标公告》按照类别编排；申请人申请商标注册也要按照类别提出；商标局发给注册人的商标注册证上也必须注明商品或服务及其所属类别。商品分类又是作为申请商标注册办理手续及缴纳费用的基本单位。即一个商标在一个类别上申请注册办理一份手续，缴纳一份基本费用。

在商标类别及对应的商品、服务项目选择上，以商标保护利益最大化为基本原则，综合申请人商标类别及对应的商品、服务项目的延伸性及关联性，尽可能兼顾横向与纵向保护深度。

2002年，苹果公司就向中国商标局提交了"iPhone"商标的注册申请，但让人无法理解的是，商标的类别居然只包括计算机软件和计算机硬件而未涵盖电话和移动电话类。结果到2004年，汉王针对电话机、手提电话、可视电话等商品申请了"iphone"商标，导致苹果的iPhone手机在2007年发布后迟迟无法进入中国。直到2009年7月18日，苹果与汉王达成协议，向汉王支付了365万美元，才最终拿到了商标所有权。

7.发掘企业未受关注的商标标志

有很多企业在正式商标之外，尚存在市场接受度强但企业内部未受关注的商标标志。例如企业受欢迎的产品的具体名称、企业的某个外观设计、企业的受欢迎的宣传口号等。另外，企业的简称（例如哈尔滨啤酒简称"哈啤"）、商品的别号（例如万艾可又称"伟哥"）都需要技术注册。

良好的商标惯性管理会使企业在新产品推出之前就解决了商标注册问题。甚至有一些企业要求。凡是企业推出的独创性的文字、图形组合，包括卡通形象、项目名称、产品名称、广告语等都要提前考虑能否通过商标的形式注册下来。

联合商标指同一商标所有人在同一种或者同类商品上注册的若干个近似商标。联合商标的注册不是为了每一个商标都使用，而是为了保护正商标，防止他人影射，如娃哈哈集团公司除了"娃哈哈"商标，又申请注册了"娃娃哈"、"哈哈娃"、"娃哈娃"等一系列商标，使侵权者无机可乘。

8.商标、商号和域名一体化

由于商标、商号和域名的注册登记机关不一致，这几种标志之间经常发生相互抢注的情况，如果不是驰名商标，很难解决这些冲突。对于新成立的企业，从一开始就要注意将商标、商号和域名统一起来，形成三位一体的态势，这样，既可防止别人抢注，也可通过商标权、商号权和域名权这个交织起来的权利网络相互保护，抗拒他人的规避行为。

9.使用企业有版权或专利权的标志作商标

除驰名商标外，别人可以在不相同或者不相类似的商品上使用相同或者近似的商标，所以在化妆品上注册的商标，比如"兰花"，并不能阻止商标注册人之外的他人在其他类别的商品上使用，从而为别人的法律规避提供了可能。但是，如果使用有版权或者外观设计专利权的标识作商标，情况就不一样了，因为商标注册人虽然不能根据商标法来阻止别人在其他类别商品上使用同一标识，但是可以根据版权或外观设计专利权来阻止别人的使用。同时，这样也不会给别人以商标抢注、商标淡化的机会，因为别人在其商品上任何形式的利用，都可能侵犯商标注册人的版权或外观设计专利权。

四、标志违法风险

企业商标设计好后，会委托商标代理人或者自行向商标管理机关申请注册，此时会面临商标被驳回申请的风险。

商标不能注册的原因一是标志选择错误，二是商标已经被抢注。

注册商标是法律保护的知识产权，所以商标标志必须具有合法性，不得违反法律的强制性规定。根据我国商标法的有关规定，有些标志不得申请注册商标，有些图形和文字是不得作为商标使用的标志，还有些标志商标管理部门不予注册并禁止使用。

有些标志不但不能申请商标注册，也不能作为"非注册商标"使用。这样的标志包括：同中华人民共和国的国家名称、国旗、国徽、军旗、勋章相同或者近似的，以及同中央国家机关所在地特定地点的名称或者标志性建筑物的名称、图形相同的；同外国的国家名称、国旗、国徽、军旗相同或者近似的，但该国政府同意的除外；同政府间国际组织的名称、旗帜、徽记相同或者近似的，但经该组织同意或者不易误导公众的除外；与表明实施控制、予以保证的官方标志、检验印记相同或者近似的，但经授权的除外；同"红十字"、"红新月"的名称、标志相同或者近似的；带有民族歧视性的；夸大宣传并带有欺骗性的；有害于社会主义道德风尚或者有其他不良影响的。另外，县级以上行政区划的地名或者公众知晓的外国地名，不得作为商标。但是，地名具有其他含义或者作为集体商标、证明商标组成部分的除外；已经注册的使用地名的商标继续有效。

有些标志是不得作为商标注册的标志，就是可以作为非注册商标使用但不能注册的标志。不得作为商标注册的标志包括：仅有本商品的通用名称、图形、型号的；仅仅直接表示商品的质量、主要原料、功能、用途、重量、数量及其他特点的；缺乏显著特征的标志。缺乏显著特征的标志经过使用取得显著特征，并便于识别的，可以作为商标注册。

有些商标标志可以注册商标，但由于特殊情况，商标局不予注册。这些情况包括：就相同或者类似商品申请注册的商标是复制、摹仿或者翻译他人未在中国注册的驰名商标，容易导致混淆的，不予注册并禁止使用；就不相同或者不相类似商品申请注册的商标是复制、摹仿或者翻译他人已经在中国注册的驰名商标，误导公众，致使该驰名商标注册人的利益可能受到损害的，不予注册并禁止使用；未经授权，代理人或者代表人以自己的名义将被代理人或者被代表人的商标进行注册，被代理人或者被代表人提出异议的，不予注册并禁止使用；商标中有商品的地理标志，而该商品并非来源于该标志所标示的地区，误导公众的，不予注册并禁止使用。

五、抢注风险

中国的商标注册采用申请在先原则，也就是说，两个或两个以上的申请人，在同一种或类似商品上，以相同或者近似的商标申请注册的，初步审定并公告申请在先的商标。只有在两个或两个以上的申请人于同一天申请注册相同或近似的商标时，才初步审定并公告使用在先的商标。为了获得市场接受度高的商标，就出现了商标抢注行为。

该风险的应对措施包括：

（1）及时注册。在商品投放市场前，企业就应及时向商标管理部门申请注册，得到其商标进入市场的"通行证"。否则后果不堪设想。我国《商标法》规定了"注册在先"的原则。商标的所有权属于该商标的首先注册人而不是首先使用人，因而商标抢注成为企业参与竞争的严重威胁。广东强力集团公司的"强力"饮料曾一度畅销东北市场。但该公司迟迟未将"强力"商标申请注册，结果"强力"商标被某省一家小厂抢先注册。强力公司被视为商标侵权，该公司发往东北的价值1 500万元的产品被某工商局依法查扣。后来，强力公司不得不花35万元将"强力"商标从原注册企业手中转让过来。一个当时只需花300元即可到手的商标却要付出1 000多倍的代价。

商标注册依据申请在先只是一个原则，《商标法》第31条规定："申请商标注册不得损害他人现有的在先权利，也不得以不正当手段抢先注册他人已经使用并有一定影响的商标。"如果企业申请注册的是知名商品的特有名称，或者驰名商标，别人可以阻止该注册申请，而且依《商标法》第41条第2款"自商标注册之日起5年内，商标所有人或者利害关系人可以请求商标评审委员会裁定撤销该注册商标。对恶意注册的，驰名商标所有人不受五年的时间限制"。可见，即使是侥幸得到注册，也可能事后被撤销，结果自己使用该商标所投入的一切都成为泡沫，反而为别人的市场进入作了铺路石。

（2）超前占位。"使用第一代，准备第二代，设计第三代，规划第四代"，从而解决诸多工商业主临时抱佛脚之现象，真正放眼长远。

（3）积极监控，及时维权。商标所有权人要主动加强与知识产权代理机构的紧密联系，利用其信息资料全程对企业主商标进行跟踪、监控，分析国内、国际相同或相近似的商标注册动向，重视代理机构提交的相关信息及注册建议，预防被抢注。一旦知悉自己的商标被他人在国内、国外申请注册或已注册，要及时向管理部门汇报，共商依照相关商标法律规定或国际公约开展保护行动方案。

资料：国外抢注中国知名商标

中国商品销售全球的时代已经到来，但有些企业没有进行商标的全球布局，这就给国外企业抢注我国知名商标提供了机会，由于没有在国外注册而遭恶意抢注的事件屡屡发生。

据介绍，自20世纪80年代以来，中国的出口商品商标被抢注的有2000多起，其中，250多个商标被澳大利亚厂商抢注，200多个商标被日本厂商抢注，50个商标被印度厂商抢注，还有欧盟、拉美以及东南亚一些厂商也在抢注中国的知名商标。像北京"同仁堂"、"全聚德"、绍兴"女儿红"、山西"杏花村"都有在海外市场被人抢注商标的先例。这些活动给中国企业造成每年约10亿元的无形资产流失。

中国举办的各种交易会和展览会都成了国外一些恶意抢注者了解中国企业商标的"天堂"。近几年来，东南亚或韩国、日本投机商人曾多次利用企业在参加展览会时的疏忽，掌握了产品的海外市场情况，在产品的重要销售市场抢注商标，进而倒卖商标或以侵权之名向中国企业勒索巨额费用。

案例：海信商标风波

2002年，准备进军欧洲市场的中国海信集团发现自己的商标已被德国博世—西门子公司抢注，该公司是由海信在国际市场上的竞争对手西门子与德国博世各出50%股份组成的。

1999年，西门子注册了一系列以"Hi"开头的商标用来推广一批高端家电，这其中就包括博世—西门子集团公司在德国注册的"HiSense"商标。该商标与海信的"Hisense"商标只在中间的字母"S"处有微小区别，博世—西门子公司使用的商标是大写，而海信商标是小写。

海信负责人认为，海信商标在德国被抢注是事实，"Hisense"作为海信集团（含所属各公司）的商标，同样也是海信重要的知识产权，是任何人不能仿冒的。博世—西门子的行为无疑是"恶意抢注"。作为商标纠纷的当事方，博世-西门子公司与西门子（中国）公司就此事特别发表了一份联合说明，否认了海信对其"恶意抢注"的指责。西门子在说明中指出，博世—西门子公司按照国际商标法的规定在欧盟和其他一些国家注册的"HiSense"商标，是多年来用于销售高端家电产品的"Hi"系列商标之一，并非"恶意抢注"。目前，西门子把"HiSense"商标主要用于洗碗机，在欧盟主要国家都有销售。"HiSense"商标根本没有用于彩电、空调等，这与海信的商标产品没有多大的关联性，也不存在直接的竞争。

几年来，双方虽然断断续续协商数次，但一直未果，这使得海信的电视、空调等产品因"商标纠缠"不能名正言顺地进入德国市场。但海信要走向国际市场，必然无法割舍欧洲市场。无奈之下，海信不得不在德国启动它的一个新的欧洲备用商标"Hsense"。然而，即使是不得已而为之的新商标，因为图文依然与被抢注的商标类似，博世—西门子仍然表示，海信依然在侵犯其权利。

按照《巴黎公约》的规定，一方如果在超过5年的时间里仍没有充足的证据证明对方是不正当竞争行为的话，就只能通过巨额资金来赎回商标。如果到2004年时商标没能赎回的话，正走向国际市场的海信将遭受沉重的打击，西门子"HiSense"商标就会像一个随时可能爆炸的"定时炸弹"一样，让海信遭受重创。如果海信要开拓美国市场，那么西门子的行为可能会对它产生影响或制约；可一旦海信要在德国甚至欧洲发展，西门子的行为就犹如一块"绊脚石"，让海信的欧洲之行步履维艰。

海信于2002年年底致函博世—西门子联系注册商标的转让事宜，后者也于2003年3月28日作出了答复，同意将其注册在"蓝色电器"的"HiSense"注册商标权转让给海信。但海信表明希望能够将9、11类注册商标权（1999年1月11日，博世—西门子在德国申请"HiSense"商标注册，指定商品为第7、9、11类）一并收回的态度。2003年7月18日，对方回函同意将9、11类注册商标权一并转让给海信。

2003年9月10日，博世—西门子给海信正式透露商标转让价格，要价上千万欧元，并于次年2月19日正式确认支付价格为4000万欧元；

2004年10月20日，博世—西门子的代表指出，鉴于海信多次在德国参加科龙电子展、柏林家电展中使用"HiSense"，西门子已在德国起诉海信侵权。

在这种情况下，海信采取了如下策略：

1. 海信反抢注对方的商标。海信瞄准了一个重要事实，即任何多品牌的集团企业不可能把它所有的商标在一个地方注册，而只会挑选主要的商标注册，这使海信有机可乘。海信开始在国内注册博世—西门子商标。

2. 积极应诉。在博世—西门子执意不撤诉的情况下，海信积极应诉，在德国科隆法院规定的期限内作出针对诉讼进行辩护的答复。2004年12月3日，向德国官方提交了撤销博世—西门子"HiSense"商标的申请。

3. 举办研讨会。

2005年2月24日主办了"中国商标海外维权研讨会"，意在声讨西门子的侵权行为。与会者多以中国人民大学的法学教授为主，中华商标协会的专家委员会主任董葆霖教授和国家工商行政管理总局、国家工商行政管理总局商标局的官员也在座，研讨会的内容和规模让德国公司牵肠挂肚。当时，西门子一再要求参加研讨会，但遭到拒绝。业界事后猜测，德国人之所以如此，是因为海信之前提出了针对博世—西门子商标的反抢注计划并没有引起他们的重视。如果事件继续扩大，他们在中国的形象必将受损，再因此影响西门子与中国政府关系就得不偿失了。因此西门子想方设法要挤进研讨会。

4. 寻求国家支持。

2004年11月底，海信一方面寻求法律解决，另一方面向国家商务部求助。

由于欧盟的斡旋承诺没有时间表，得不到回复的海信向中华商标协会求助，接下来，海信减缓了法律维权的步伐，再度回归与商务部一道协商谈判的轨道。

2005年3月6日，中国海信集团与德国西门子集团就"HiSense"的商标纷争，在北京发表了和解声明。海信集团和德国博世—西门子家用电器集团就博世—西门子"HiSense"商标侵权一案达成和解协议。博世—西门子同意将其根据当地法律在德国及欧盟等所有地区注册的"HiSense"商标一并转给海信集团，同时撤销对海信的商标诉讼，海信集团亦撤销针对博世—西门子的所有商标注册申请，海信将向博世—西门子支付"6位数"欧元的转让费。

专家认为这次纠纷的解决是各种因素作用的综合结果，政府影响起到了关键的作用。

六、国外布局风险

商标具有地域性，也就是说，在中国注册的商标在国外得不到保护。商标要进入国际市场必须在出口国先行注册，否则便不会得到该国的法律保护。近几年来，国内一些著名商标，甚至驰名商标在国外被纷纷抢注，给这些企业的无形资产造成了重大损失，也为这些企业开拓国际市场带来了严重障碍。如"杜康"商标在日本被抢注，"阿诗玛"商标在菲律宾被抢注，上海冠生园食品总厂的"大白兔"商标在日本、菲律宾、印度尼西亚、美国和英国都曾被抢注。面对日趋激烈的国际市场竞争，我国企业应提高商标意识，加强商标的国外注册工作，为产品走出国门，经营走向国际创造条件。商标一旦在国外被抢注，也要积极采取措施，尽力进行补救。如三九集团在瑞士、法国、德国、日本、美国和西班牙等国申请了"999"和"三九胃泰"商标注册，为企业"走出去"奠定了国际知识产权保护的基础。

1. 选择有国际布局空间的标志

就是选择在主要产品销售市场可以申请并有可能获得注册的标志。当年联想在香港成立公司选"Legend"作为商标时，由于业务所限，完全没有考虑过以后进军国际市场的问题。所以在此后的很长一段时间也没有去其他国家注册相关商标，结果等到公司打算开拓海外市场时，却发现在全球范围内已有上百家企业在各行各业注册"Legend"。由于逐一收购难度太大，公司最后不得不放弃了号称价值200亿元的英文商标"Legend"，改用"lenovo"作为英文品牌，并为此付出了巨额广告和推广费用。

2. 标志选择国际化

选择标志时就应该考虑到海外布局问题，考虑到各种语言的翻译，考虑到注册主要目的地国家的各种禁忌。

虽然各国商标法对不能注册为商标的标志都有类似的规定，但是，各国还是根据本国具体情况作了某些具体规定，因此，有必要将其禁用标志的内容了解清楚，避免违反规定而不能获准注册。

禁用标志的情况是：

颜色禁忌：瑞典禁用蓝色作商标，因为这是该国国旗的颜色，阿拉伯国家禁用黄色作商标。

花卉禁忌：法国人认为桃花是不祥之物，因此禁用桃花作商标；意大利忌用菊花作为商品的商标，因为菊花是国花；日本忌用菊花作为商标图案，把菊花视为皇家的象征；拉丁美洲把菊花视为妖花，所以也不能在商标上画菊花；玫瑰花是保加利亚的国花，许多国家把这种花作为赠送亲友的礼物，但在印度和欧洲一些国家则把它作为悼念品，不能用作商标。

动物图案禁忌：澳大利亚忌用兔作商标，因为该国盛产羊毛，重视牧草的繁殖，害怕兔子毁坏草地；印度以及阿拉伯国家禁用猪的图形作商标；北非一些国家忌讳用狗作为商标；熊猫在非洲一些国家是禁忌的，不能作商标；英国人把山羊喻为"不正经的男子"。

图形禁忌：国际上都把三角形作为警告性标记，不能作为商标；捷克人认为红三角是有毒的标记；在信奉伊斯兰教的国家不能使用六角形作为商标，他们禁止这种标志的商品进口。

3. 了解注册国的商标申请规则

商标国际注册申请前首先要了解注册国家的商标法，了解什么样的人能作为申请人，因为各国对外国人的待遇不同；主要了解注册国是否和中国共同参加了国际条约。如果是巴黎公约成员国，则按国民待遇原则双方都可以在对方国家申请注册商标；了解注册国确定商标专用权的原则。在商标权的取得方面，不同的国家或地区有不同的适用原则。 在阿联酋、巴基斯坦、菲律宾、新加坡、印度、英国、美国、尼日利亚等国家，适用的是使用在先原则，即谁首先在某个国家使用了某个商标，谁就拥有了该商标的所有权；在韩国、日本、中国台湾地区、德国、俄罗斯、法国、智利、阿根廷、墨西哥、南非等国家和地区，则适用申请在先原则，在该原则下，对于同一个商标而言，谁先申请商标注册，谁就取得该商标的所有权；在中国香港地区、越南、丹麦、泰国、澳大利亚、新西兰等国家和地区，通行的是使用与注册交叉原则，即使用原则与注册原则的折中使用。

4. 选择合适的商标代理

到国外申请注册商标，最好聘请可靠而又有能力的商标代理人代理商标申请及办理其他商标事宜。这不仅是因为各国商标法都有这种规定，而且也因为代理人熟悉本国的商标法律，在申请过程中及以后维护商标权利中，能为申请人出主意，克服申请中可能遇到的各种困难。

5. 选择商标国外注册渠道

商标国外注册有两条渠道，对于《马德里协定》缔约国的企业或个人到该协定缔约国进行商标注册，可通过世界知识产权组织国际局进行商标国际注册。到非《马德里协定》缔约国进行商标注册，一般采用"逐一国家注册"的方法。

马德里商标注册

申请人到国外申请注册商标有两种途径：一种是逐一国家注册，即分别向各国商标主管机关申请注册；一种是马德里商标国际注册，即根据《商标国际注册马德里协定》（以下简称《马德里协定》或《协定》）或《商标国际注册马德里协定有关议定书》（以下简称《马德里议定书》或《议定书》）的规定，在马德里联盟成员国（截止 2008 年 12 月 8 日，马德里联盟共有 84 个成员国）间所进行的商标注册。我们通常所说的商标国际注册，指的就是马德里商标国际注册。

1989年10月，我国加入《马德里协定》，1995年12月，加入《马德里议定书》，2003年颁布了《马德里商标国际注册实施办法》。我国企业可直接到商标局办理国际商标注册。

1. 根据指定国进行申请规划

申请人必须事先确定欲指定国际商标注册领土延伸保护的国家（以下简称"指定国家"）在马德里体系中属于何种类形的缔约方，根据实际准备相应的注册方式和材料。一般情况下，可分为三种类型：纯《协定》缔约方；纯《议定书》缔约方；《协定》和《议定书》共同缔约方（以下简称"共同缔约方"）。

截至 2010 年 2 月，纯《协定》缔约方为 3 个，分别是：阿尔及利亚、哈萨克斯坦、塔吉克斯坦。

截至 2009 年 9 月，纯《议

定书》缔约方为 29 个，分别是：安提瓜和巴布达、澳大利亚、巴林、博茨瓦纳、丹麦、爱沙尼亚、欧盟、芬兰、格鲁吉亚、希腊、冰岛、爱尔兰、日本、立陶宛、马达加斯加、挪威、阿曼、韩国、新加坡、瑞典、土耳其、土库曼斯坦、英国、美国、乌兹别克斯坦、赞比亚、加纳、荷属安的列斯、圣多美和普林西比。

申请国际注册的商标必须已经在我国启动一定的商标注册申请程序。自 2008 年 9 月 1 日 起，申请人指定保护的国家是纯《马德里协定》成员国的，申请国际注册的商标必须是在我国已经获得注册；申请人指定保护的国家是纯《马德里议定书》成员国的，或是同属《马德里协定》和《马德里议定书》的成员国，申请国际注册的商标可以是已在我国提出注册申请的商标，也可以是已经注册的商标。

如申请人想要指定保护的国家既有《协定》成员国，又有《议定书》成员国，而在本国申请注册的商标还未取得注册，或者说刚刚提交申请，遇到这种情况，建议申请人可先就《议定书》成员国提出国际注册申请，当该商标在本国注册后再就《协定》成员国提出后期领土延伸申请。这样既能马上申请商标国际注册，又不浪费时间，尽快取得商标注册保护，特别是当该国际注册申请是在国内注册申请提出六个月之内提出的，申请人还可要求优先权。

2. 准备基础注册或基础申请文件

国际注册申请应与国家基础注册或基础申请内容一致。国际注册申请人的名义应与国内申请人或注册人的名义完全一致；申请人地址应与国内申请人或注册人的地址完全一致；商标应与国内注册的商标完全相同，包括颜色完全一致；所报的商品和服务应与国内注册的商品和服务相同或者不超过国内申请或注册的商品和服务范围。如果国内申请或注册的是在不同商品或服务类别的同一商标，在申请国际注册时，可提交一份国际注册申请，将国内所报不同类别的商品或服务按类别顺序填写在该国际注册申请书上。

3. 递交申请文件和优先权申请

申请人（或通过商标代理机构）应向国家工商行政管理局商标局提出马德里国际商标注册申请。申请人应将有关各项文件（或通过代理机构）递交商标局。

符合一定条件的可声明要求优先权。申请人在申请国际注册时，如果与国内提出的商标注册申请相隔时间未超过六个月，那么申请人在提出国际注册申请时，可要求优先权，但应提供国内《受理通知书》复印件。

国家商标局在收到国际商标注册申请文件后，认为手续齐备并符合规定填写要求的，编定申请号，并以此日期作为商标国际注册的申请日期。

4. 缴纳费用

国家商标局在收到手续资料齐备的申请文件后，即登记申请日期，编申请号，按当月第一天的银行外汇汇率折算，计算申请人所需缴纳的人民币费用，向申请人发送《收费通知单》。申请人接到《收费通知单》后，应当自收到商标局缴费通知单之日起 15 日内，向商标局缴纳有关费用。

5. 世界知识产权组织国际局审查

世界知识产权组织国际局在收到我国国家商标局递交的商标国际注册申请和申请费用后，仅对该国际注册申请进行形式审查，包括依照尼斯分类划分商品和服务的类别，如果认为手续齐备，申请书件符合有关规定，一切妥当之后，即编号，将带有国际注册号码和国际注册日期的商标登记在《国际注册本》里。

认为手续不齐备或申请书件不符合有关规定的，将暂缓注册，并通知我国国家商标局。我国商标局在收到国际局的通知之日起15日内通知申请人或者代理人补齐手续。申请人或代理人应在国际局通知规定的期限内通过我国国家商标局补齐手续。逾期未补齐的，则视为放弃申请，国际局在扣除一定的基础注册费后，退回其余的注册费用，但我国国家商标局收取的手续费不退。

6. 公告授权

申请国际注册的商标，一经在国际局的《国际注册本》上登记后，即由国际局负责将该商标刊登在世界知识产权组织《国际商标公告》上并给申请人颁发国际注册证书，至此过程，一般需3～4个月的时间。《公告》书任何人均可以订阅，每两周公告一次。公告期为三个月，任何人均可以对该公告刊登的指定国家的领土延伸申请向该所属国商标主管局提出异议。

7. 通知指定国

国际商标注册在《国际注册本》上登记后，国际局就此国际商标注册申请发通知给被申请人要求指定保护此商标的国家。

第二节 商标运用风险

商标的运用主要有两种：商标许可、商标转让。商标许可既包括企业核心商标的连锁经营或授权使用，也包括企业外围商标的授权使用。

商标许可运用风险的最大风险是劣质品质管理影响企业商誉，导致商标劣化，企业品牌资产流失。第二大风险是商标的淡化。商标转让的最大风险是价值评估。商标运用的风险如表4-2所示：

表4-2 商标运用的风险

风险节点	风险事项	基本描述	风险识别	风险评价	风险应对措施
许可	劣化风险	质量管理导致商标劣化	内部监管；市场调查；专家咨询	品牌受损	规划许可；协议约束；严格质量管理监督
	淡化风险	外围商标使用导致核心商标淡化	专家咨询	商标识别性受损	规划许可行为
	合作者抢注风险	合作者抢注外围商标		商标资产流失	商标布局；协议约束
转让	权利不稳定	权利不稳导致的风险	专家咨询	转让失败；法律纠纷	加强内部管理和外部维权
	价值评估风险	价值评估导致转让风险		资产流失	专家评估团队；科学适当的评估方法
	商标许可到期风险	商标许可合同到期给企业经营带来的风险	合同管理；专家咨询	营业受影响	合同延展；品牌替代措施

一、劣化风险

如果对外许可使用商标或者利用商标资产作连锁经营，企业面临的最大风险就是由于产品质量导致企业品牌受损，企业商标资产贬值，企业生产经营受到影响。

该风险的应对措施是进行严格的商标许可规划，明确哪些商标对外许可，许可给什么人，许可给多少家使用等。第二是在许可合同中严格规定产品质量条款。第三是严格使用授权商标的商品质量管理。

资料：商标许可形式

根据《商标法》及相关司法解释的规定，商标授权许可的形式可分为：

1. 独占使用许可

指商标注册人在约定的期间、地域和已约定的方式，将该注册商标仅许可一个被许可人使用，商标注册人依约定不得使用该注册商标。

被许可人的法律地位相当于"准商标权人"，当在规定地域内发现商标侵权行为时，被许可人可以"利害关系人"身份直接起诉侵权者。

根据《商标法》的规定，在发生注册商标专用权侵权案件时，商标注册人或者利害关系人可以向人民法院起诉，也可以请求工商行政管理部门处理。其中，利害关系人包括注册商标使用许可合同的被许可人、注册商标财产权利的合法继承人等。

根据《最高人民法院关于审理商标民事纠纷案件适用法律若干问题的解释》的规定，在发生注册商标专用权侵权案件时，独占使用许可合同的被许可人可以向人民法院提起诉讼。独占使用许可合同的被许可人享有独立的诉权。

2. 排他使用许可

指商标注册人在约定的期间、地域和已约定的方式，将该注册商标许可一个被许可人使用，商标注册人依约定可以使用该商标但不得另行许可他人使用该注册商标。

发生注册商标专用权侵权案件时，排他使用许可合同被许可人有一定的独立诉权。

根据《最高人民法院关于审理商标民事纠纷案件适用法律若干问题的解释》的规定，在发生注册商标专用权被侵害时，排他使用许可合同的被许可人可以和商标注册人共同起诉，也可以在商标注册人不起诉的情况下，自行提起诉讼。

根据司法实践，排他使用许可合同的被许可人自行提起诉讼的，需向人民法院提交商标注册人明确表示不起诉的书面证据。

3. 普通许可

指商标注册人在约定的期间、地域和已约定的方式，许可他人使用其注册商标，并可自行使用该注册商标和许可他人使用其注册商标。

这种许可方式多适用于被许可人生产能力有限或者产品市场需求量较大的条件下，许可人可以多选择几个被许可人，而每个许可证的售价相对较低，因而是一种"薄利多销"的方式。对被许可人来说其获得的商标使用权是非排他性的，因此如果合同涉及的注册商标被第三人擅自使用，被许可人一般不得以自己的名义对侵权者起诉，而只能将有关情况告知许可人，由许可人对侵权行为采取必要措施。

二、商标淡化风险

有一些名牌企业将核心商标外的商标资产进行许可经营，以取得额外增值，但这也会带来商标可识别性的风险，也就是商标淡化的风险。

该风险的应对措施是严格进行商标许可的规划和管理工作。

三、合作者抢注风险

在国内，合作企业特别是商品代理抢注被代理企业商标的情况时有出现。由于种种原因，拥有商标的企业没有及时注册自己的商标，包括防御商标和联合商标，也包括简称、别名等。代理商对市场、对品牌的反馈有直接的认识，往往会利字当头，将被代理企业的商标注册为自己的商标。代理人注册商标会给合法的商标所有人带来市场推广等多方面的困绕，导致专利权属纠纷。

合作者抢注风险的应对措施是：在合作之初就对商标权及延伸的商标权益作全面的约定，在市场对品牌的反应发生扩张或延伸时及时注册新的商标。

四、权利不稳定风险

许可其他企业使用的商标如果不稳定，就会造成商标许可失败，或者引起法律纠纷。这种风险往往出现在企业外围商标的许可活动中。该风险的应对措施是选择稳定性强的商标进行许可经营，并在商标许可合同中作足够的免责约定。

五、价值评估风险

商标与专利一样，都是无形资产，价值评估有很大难度。商标价值评估不当会造成转让失败，或者企业的商标资产流失。该风险的应对措施是选择权威的商标评估机构，采用合适的价值评估方法。

六、权属登记变更风险

商标转让是商标注册人在注册商标的有效期内，依法定程序，将商标专用权转让给另一方的行为。法律规定：转让注册商标的，转让人和受让人应当签订转让协议，并共同向商标局提出申请。受让人应当保证使用该注册商标的商品质量。转让注册商标经核准后，予以公告。受让人自公告之日起享有商标专用权。可见，如果商标权转让后没有登记，则商标权属没有变动。商标许可也需要依法备案，否则会面临国家行政机关罚款等风险。

该风险的应对措施是及时进行商标转让和许可登记备案。

七、许可到期风险

对被许可人来说，商标许可到期意味着品牌优势丧失，如果在签署商标许可协议时没有考虑到商标许可到期后的应对措施，被许可人就会面临"断头许可"的风险，销售业绩会一落千丈。专利许可也存在"断头许可"的问题，但由于技术生命周期和技术的持续革新，没有品牌的持续累积增值，问题没有商标严重。从另一个角度讲，商标价值的提升与被许可人提供的持续高质量的产品和服务有很大关系，所以断头许可更易引起社会的关注。2010年发生的"王老吉"品牌纠纷就是例子。

该风险的应对措施是：避免"断头许可"，争取商标许可期延展，同时，做好商标许可得不到延展的应对措施，减少风险损失。

商标使用许可合同备案

商标权人应当监督被许可人使用其注册商标的商品质量，被许可人必须在使用该注册商标的商品上标明被许可人的名称和商品产地。商标使用许可合同应当报商标局备案，商标使用许可合同未经备案的，不影响该许可合同的效力，但当事人另有约定的除外。商标使用许可合同未在商标局备案的，不得对抗善意第三人。

《商标法》规定："商标注册人可以通过签订商标使用许可合同，许可他人使用其注册商标。许可人应当监督被许可人使用其注册商标的商品质量。被许可人应当保证使用该注册商标的商品质量。经许可使用他人注册商标的必须在使用该注册商标的商品上表明被许可人的名称和商品产地。商标使用许可合同应当报商标局备案。"

《商标法实施细则》规定："商标注册人许可他人使用其注册商标，必须签订商标使用许可合同。许可人和被许可人应当在许可合同签订之日起3个月内，将许可合同副本送交其所在地县级工商行政管理机关存查，由许可人报送商标局备案，并由商标局予以公告。违反前款规定的，由许可人或者被许可人所在地工商行政管理机关责令限期改正；拒不改正的，处一万元以下的罚款，直至报请商标局撤销该注册商标。违反《商标法》第26条第2款规定的，由被许可人所在地工商行政管理机关责令限期改正，收缴其商标标识，并可根据情节处5万元以下的罚款。"

第三节　商标管理风险

可口可乐公司商标顾问詹姆斯·鲍朱尔曾经说过："Coca·Cola"商标能成为一个知名商标、世界最知名的商标之一，不是靠运气，而是靠100多年的警醒和经营管理的巨额投入。可见，商标资产的价值与企业自身的管理是分不开的。

资料：商标管理的五个阶段

根据商标在企业营销中的作用，可以将企业的商标管理工作划分成以下五个阶段。

1. 有商品无商标

接受外包服务的生产企业没有商标，也不需要注册商标，所以又称为"代工生产"或"贴牌生产"。现代大的代工企业也需要自己的品牌，如台湾的鸿海公司，不过代工企业的商标不能出现在自己的产品上。

接受商标授权提供服务的企业也可以说没有商标，因为它使用的是别人的商标。

品牌的推广和维护需要大量的资金，在积累资本的最初阶段，企业可以采取上述"借船出海"的方式，获得生产能力和生产经验，积累资本。

2. 商品主导商标

企业发展到一定规模，或者投资者有了一定的资金积累，就开始注册自己的商标，进行推广。但由于品牌的树立除了需要将有关标志注册为商标外，还需要投入资金作广告、做宣传，中小企业没有这方面的实力，只能将有限的资金集中在提高产品或服务的质量上。价格战还是企业获得收益的主要手段。

企业在这一阶段，虽然有商标，但却没有积极的商标推广活动，只能让企业的品牌知名度慢慢增长，顺其自然。

3. 商标主导商品

在品牌发展积累到一定的阶段，企业知名度越来越大，企业的商标对企业的生产和服务就会起到拉动作用。很多客户会慕名而至，品牌对企业的贡献出现正值。

在这个阶段，企业还是主要通过品牌占有市场，通过市场的商品销售或服务提供活动来获取收益。

4. 商标也是商品

随着企业品牌的发展，有的企业开始感觉到自己的生产制造或者服务能力开始跟不上市场的需求，于是在自己使用商标的同时将商标进行许可，授权他人使用自己的商标，以此获得利润。

5. 有商标无生产

在商标发展的最高阶段，企业不再进行生产制造，只进行"品牌的销售"。挑选合格的代工企业，委托其进行生产，然后组织代理商将有关商品销售出去，获得高额的利润回报。

中国企业商标管理基本处在第一、第二阶段，对商标规则了解不够，商标管理中也会遇到更多的风险。

商标资产管理中存在的风险见表4-3。

表4-3 商标资产管理风险

风险节点	风险事项	基本描述	风险识别	风险评价	建议应对策略和措施
档案管理	档案缺失	商标注册、使用、运用、维权等方面的档案丢失	内部检查	影响商标运用；影响维权活动；影响著名商标、驰名商标认定	组织建设；制度建设；数据库建设；部门间配合；流程管理
日常使用管理	撤销	三年不使用致使商标被撤销	内部审查	商标被撤销	内部使用规则培训制定和严格实施商标使用规定
	淡化	不当使用及不当外部使用减少、削弱该驰名商标的识别性和显著性	市场信息；销售信息	影响营销；品牌下滑；商标撤销	合作伙伴规范；竞争对手使用规范；社会使用规范；工具书使用标准、招标书使用
	丑化	商标受到污损、贬低或其他相对负面的影响	专家咨询	商誉受影响；资产流失	积极维权

一、档案缺失风险

企业商标档案是企业在商标注册和使用中形成并保留下来的文档。保存并对企业商标档案分类管理是商标资产管理的基础工作。商标档案应该包括：商标设计资料、商标注册和延展资料、商标转让资料、商标许可资料、商标宣传资料、使用该商品商标的产销量资料、商标维权资料、商标获奖资料等。商标档案缺失是很多企业商标资产管理面临的风险，影响企业商标资产的管理和运用，影响商标的保护维权活动，影响著名商标、驰名商标的评定等资产管理活动。

商标档案风险的管理措施有：

第一，应该设立专门管理岗位，保证管理的准确性以及连贯性。从目前的实际情况来看，很多企业将此岗位设立在办公室、市场部、秘书部等部门。这些部门较大的人员流动经常使商标管理出现断层，相关人员法律知识的匮乏又往往会给管理带来意想不到的风险。越来越多的企业将商标管理责任交由法务部门承担，或设立知识产权管理部门，取得了较好的效果。同专业的商标代理机构或者商标律师合作，由专业人员指导商标注册和保护工作，也可以减少商标档案管理的风险。

第二，是制定适合企业的商标档案管理制度。商标档案管理工作优秀的企业，都有一套适合自己的管理制度。档案管理者的责任、权利都要通过制度的约束来实现。商标相关数据材料的更新、汇总也需要制度来约束。

第三，建立纸介质的商标档案及电子化的商标管理数据库。商标档案及数据库的建立，可以使企业对于自身商标状况进行全面的了解。管理者可根据自身情况进行分类，比如可以按照产品线划分类目，同一类目录下以商标名称建立卷宗。每一单件商标又要按照商标本身特点设立档案内容。档案内容中就应注明该商标注册类别、申请时间、公告时间、核准注册时间、权利变动等。要做到企业商标档案分类管理、一标一档，建立相应的电子化商标档案，便于查询管理，同时也提高纸质档案的查阅和保护效率。

第四，完善商标流程管理。商标管理流程不仅包括商标注册运用的流程，还包括商标管理工作同其他工作配合的流程。在有些企业里，市场、销售、企划、法律部门各不相关，产品已经上市，商标却还未注册；遭遇侵权仿冒时，法务部门还不知道商标的法律状态；企划部门设计的产品名称、图形标志与商标法相悖。这就给商标的运用和保护造成了风险，究其原因，就是由于没有形成正确的商标管理流程。现代知识产权运作强调将知识产权意识渗透到企业的每一个细节，商标也不例外。商标管理部门应该建立各种商标事务流程，比如：商标注册流程、反假冒流程等。以商标注册流程为例，应首先由市场部门提出需求，然后由企划部门完成创意、设计，最后由法务部门进行评估、查询，并将意见反馈，最终确定方案并注册。在流程的各个环节中，落实到人，如果出现问题，可以由商标管理部门进行调节。

第五，注意部门间的配合。在遇到上述提到的商标异议、争议或复审案件时，所涉及的证据材料组织是需要各部门之间配合才能完成的。特别是商标使用的记录，既需要法律部门的商标使用合同资料，又需要市场部门商标宣传的资料，还需要销售部门的有关销售数据等。企业的各子公司、各部门首先要自上而下注意商标相关材料的存档。相关部门对本部门的材料应当整理，比如可以按照片区（甚至以省市分类）、出口国、年份等来进行整理存档，保证任何省市、国家发生商标争议或其他案件时，均可以及时准确地提供证据材料。涉及严格期限的商标异议、异议答辩、复审案件时，各部门应积极配合，及时准确地提供证据材料。直接参与商标管理工作的部门在提供证据或案件审理完成后，应将所有材料备份，以备此后相关案件使用。

二、撤销风险

注册商标撤销，是指国家商标局或者商标评审委员会对违反商标法及有关规定的行为作出决定或裁定，使原注册商标专用权归于消灭的程序。注册商标被撤销就意味着企业的商标资产归零，这对企业是重大的利益损失风险。

注册商标的撤销事由分为使用不当撤销、注册不当撤销、争议撤销三种。此处只讨论使用不当撤销。注册商标使用不当撤销的事由包括：自行改变注册商标；自行改变注册商标的注册人名义、地址或者其他注册事项；自行转让注册商标；连续三年停止使用注册商标； 使用注册商标，其商品粗制滥造，以次充好，欺骗消费者。 其中连续三年不使用比较复杂，需要解释一下。

商标法规定，如果注册商标三年不使用，任何人都可以申请撤销。商标是企业的无形资产，既是资产，就要像对待有形资产一样进行认真的保护，《商标法实施条例》第3条以列举的方式规定了商标使用的形式，主要包括：

（1）在商品、商品包装或容器上使用商标。

在商品、商品包装或者容器上使用商标，是指采用直接贴附、刻印、烙印或者编织等方式将商标附着在商品、商品包装或者容器上。所谓包装，是指为识别商品以及方便携带、储运而在商品上使用的辅助物，容器也属于包装的一种。例如，如制假者将饮料装入瓶中，并贴上"可口可乐"标签；在衬衫上编织"鳄鱼"图形标记。其他虽未直接显现于商品之上，但以载有商标的卡片、标签等与商品连接起来，也属于此类使用。

（2）陈列、展览时使用商标。

虽然商标在物理上不能贴附于商品之上，但如果以一定的方式使之与商品相联系，足以使一般公众认为该商标起到区分商品来源的作用，就已构成商标使用。例如，在陈列、展览商品时使用商标：以特定商标表示出售商品的场所或柜台，但所售商品并非使用该商标的正品或者所售商品的商标与该商标不符。此种商标使用的目的在于借用他人商标推销自己的产品，但并不将商标直接贴附于商品之上。英国有学者称此类使用为借用标记（use under the sign），并认为只有当被告在标记和商品之间形成联系的过程中发挥了直接和积极的作用时，才构成借用标记。如果联系是偶然的或者附带的，则不足以构成借用标记。

（3）在交易文书或者广告宣传中使用。

在交易文书等商业文件和广告宣传中使用商标构成商标使用。所谓交易文书包括在合同书、商业信笺、信封、发票、价目表等。所谓广告，是指通过一定的媒介和形式直接或者间接地介绍自己所生产或者销售的商品或者所提供的服务的一种形式，广告媒介包括报刊、招贴等书面材料，也包括广播、电视、网络等视听资料。

注册商标撤销风险管理策略包括：

第一，规范内部管理，严格商标使用的规范，商标使用都要到商标管理部门备案，防止下属单位和员工私自改变注册商标的形状、结构。

第二，严格商标变更的管理程序，按照国家的规定进行相关备案。

第三，加强使用商标的商品质量管理，维护企业商标的声誉。

三、淡化风险

商标淡化是指标显著性及其商标的内在价值因他人的使用而导致商标的识别性和显著性削弱的现象。

商标淡化的主要形式是商标通用化，又称为商标退化，是指某一商标标识具有的显著特征被减弱，逐渐演变为特定商品的通用名称的现象。商标通用化会导致商标标识与特定产品的联系受到削弱，淡化了商标原有的识别功能。根据商标法，商品的通用名称不得注册为商标，所以注册商标通用化后就面临撤销的风险。

商标淡化的原因比较复杂，除商标标志本身显著性存在问题外，一个更重要的原因就是商标使用过程中缺乏管理。

商标淡化风险的管理措施包括以下几方面。

1. 选择显著性强的标识

商标淡化的一个重要原因就是商标标志的显著性本来就很弱，为商标退化创造了条件。由于这些商标标识的含义与特定产品的种类、质量、功能或其他特征相近，稍不注意，消费者就会将其当作通用名称。比如"轻骑"本为商标，但它描述了所指摩托车轻便小巧的特点，曾一度成为轻巧型摩托车的代名词。

在注册申请前应考虑选择显著性较强的商标，那种任意虚构的与产品的特征联系越少的商标，愈不能得到法律的保护，也愈易被别人规避使用，从而被淡化使用。

2. 规范企业自身的商标使用行为。

企业应该制定内部的商标使用规范，并严格执行，以严格规范内部的商标使用行为，防止商标的自我通用化。如果商标在使用上有所疏忽，尤其是未将商标之标示与商品相关说明予以区隔，极易发生淡化的情形。企业应该对商标的标示方式、设色、位置、比例等加以明文规范，例如：在商标一旁加注"㊟"、®、"TM"等，以与商品说明或广告用语等相区别，尤其要注意区分商标与商品名称，并向消费者提示。日本味之素公司在宣传自己的"味之素"商标时，就着重强调了它是"家庭用化学调料"，从而与产品名称相区别，避免被混作产品通用名称。

使用注意区分商标名称和商品名称。很多商标权利人将商标当商品名称使用，此种情形在新产品上市时最为常见，例如，以往"阿司匹林"、"弹力车"、"汉王笔"等案例。权利人就新产品创造了一个颇具创意的名称，并将该名称作为商标申请注册及使用。这种做法固然具有便利以及广告效果的考量，但由于使用时并未区隔商标与商品名称的使用，而致消费者与同业均认其系商品名称而非商标，甚难单从该商标的标示，区别商品的不同来源。例如，朗科在自己商品的包装盒、促销宣传材料，以及营业执照上，都在事实上把"优盘"当作商品名称在使用。这是"优盘"商标淡化的外因之一。

有时候，权利人推出新产品时，虽然没有将商标当商品名称使用，但由于新产品

正确使用商标的原则

1. 注意商标的使用范围

商标使用的范围第一是商品本身及其标签、包装，生产和服务场所；第二是推广宣传的媒介，如宣传册、员工名片、广告、新闻材料等。企业要积极使用商标，除非其空间和风格等条件不允许，因为商标的价值随着商标的使用而增加。

2. 使用位置

注册商标可以标注在商品或其包装的显著位置。在包装上使用时，一般在背面，也可以使用在其他明显的位置。

对于书籍或杂志，商标可以标注在封面和版权页；对于企业各种文件，商标标注在抬头或末尾；在企业网站上使用时，标注在首页的顶部或底部。

3. 使用词性

把商标作名词使用会导致商标淡化，所以企业的商标不能作为名词被单独使用，应该被作为一个形容词，在描述产品的一般性名词前使用。

正确使用的范例（商标作为形容词）：某某牌®汽车。

不正确使用的范例（商标作为名词单独使用）：我们提供某某牌®；要推广某某牌®。

4. 大小、字体、颜色

企业的商标使用规则要确定在不同场合使用商标的尺寸，原则是应该保证其足够清晰，员工无权"根据需要"随便修改注册商标的大小。

字体：商标中的文字部分字体以企业知识产权部提供的字样为准，员工不能"随机应变"。

的名称十分拗口，消费者很难记忆和接受，或者厂商没有告知消费者该产品的通用名称，于是，久而久之，新产品的商标也会被消费者当成商品名称来指代。这在化工产品上经常发生类似案例，因为化工产品的名称十分专业，而且冗长，消费者很容易把化工产品的商标当成该产品的名称加以指代。像"FREON"（氟里昂）商标就被当作一种制冷剂的通用名称。

可口可乐公司，所有的员工都被清楚地告知要正确使用商标。规范中包括对于只能用在"Coca·Cola"商标上的特殊字体的使用限制，及某些密切相关使用的限制。这些规范已经如此深入每名员工心中，以至于在内部交流中如果发现商标的不规范使用，其他员工就很可能将其指出。从员工参加工作之初的培训开始，培训的内容就会包括商标的介绍。实际上，商标部门的同事经常在百忙中抽出时间参与对新员工的培训。商标的介绍从讨论那些被淡化成通用名称的商标开始，如美国的阿司匹林，从而告诉大家这不仅仅是理论上说说而已。商标部甚至制作了一盘录像，名为"通用名称的坟墓"。

3. 争取驰名商标保护

根据我国《商标法》第13条，对于已注册的驰名商标，权利人可以禁止他人在不相同或不相类似商品上申请注册或使用与其相同或近似的商标。因此，已注册的驰名商标可以得到"跨类保护"，从而有效防止商标被弱化的情形。因此，企业在维护自己的商标权时，可以在商标争议或商标诉讼中，申请商标主管机关或人民法院，认定自己的商标为驰名商标，从而实现最大范围的保护强度。

企业注册商标一般选择黑色，在使用时根据企业形象设计确定颜色。有的企业注册商标时就带有颜色，这种情况下使用时不能随便更改颜色。

5. 使用注册标记

中国商标局注册的商标要注明"注册商标"或加注册标记（Ⓡ或Ⓣ）。

注册标记标注于注册商标的右上角或右下角。在任何文本和副本中第一次使用注册商标时需要使用商标注册标记。员工在标题或其他突出位置使用注册商标，即使不是第一次使用也需要使用商标注册标记。

6. 商标使用证据保留

企业在积极使用商标的同时，还要及时保留商标使用的证据，主要是广告活动、媒体宣传的证据收集和保留。在企业申请著名商标和驰名商标时，这些商标使用的证据非常重要。

资料：驰名商标认定

驰名商标是指在我国为相关公众广为知晓并享有较高声誉的商标。驰名商标的保护也不同于普通商标仅限于相同或相似的商品，驰名商标采取跨类保护。

《商标法》第13条规定："就不相同或者不相类似商品申请注册的商标是复制、摹仿或者翻译他人已经在中国注册的驰名商标，误导公众，致使该驰名商标注册人的利益可能受到损害的，不予注册并禁止使用。"

驰名商标的认定形成了行政认定（商标局或商标评审委员会认定）与司法认定并行的模式。

（一）驰名商标认定的益处

1. 跨类保护

驰名商标能够为企业带来巨大的经济效益，有利于企业在市场经济中巩固地位，对抗恶意抢注、不同商品的相似商标影响等一系列问题，因此，我国企业纷纷申请认定其商标为驰名商标。

所谓驰名商标，是相对所涉及的侵权纠纷而言的，保护的效力，也是有一定范围和强度的。在一个纠纷中被认定为驰名商标，并不等于在另外的侵权纠纷中也享受驰名商标的待遇，更不等于在任何时候和范围内都受到特殊的保护。

2. 提高管辖级别

认定为驰名商标更有利于在假冒商标刑事案件立案时，跨越立案金额的限制障碍。

3. 防止其他领域使用

有利于防止其他企业以驰名商标作为企业名称注册或在电子商务中作为域名注册。

4. 品牌收益

驰名商标和一起到良好的市场效应，进一步提高企业声誉。

（二）司法认定

与行政认定驰名商标周期长、审核部门多的特点相比，司法认定比较简易快捷，所以很多企业选择司法渠道。

1. 司法认定的机关

驰名商标的司法认定应由中级以上人民法院管辖，但在某些省或直辖市也可以由基层人民法院进行认定。

2. 司法认定原则

（1）域内驰名原则。

认定商标是否驰名，应当始终围绕着国内驰名性，而不是所谓的国际驰名性。在我国，商标的驰名性认定虽然无须以在我国注册为前提，但应当坚持域内性原则，即国内驰名原则。某些商标虽然具有一定的国际知名度，但其指示的商品或服务未在我国内流通，我国的公众未实际使用过上述商品或接受过上述服务，即使该商标可能为我国公众通过传媒等所知道，也不能被认定为驰名商标。

（2）案情需要的原则。

人民法院在审理商标纠纷案件中，根据当事人的请求和案件的具体情况，可以对涉及的注册商标是否驰名依法作出认定，该条款中的"案情需要"，即是指涉案注册商标需要给予驰名商标的特殊保护，也就是驰名商标被他人用于不相同或不相类似的商品等可能造成淡化的情形。案情需要原则不仅可以正确把握诉讼争议焦点，提高案件审判效率，而且对于避免商标权利人借侵权为名，傍驰名为实的滥用诉权行为起到了积极的作用，是启动认定驰名商标司法程序的必要前提。

在下列民事纠纷案件中，当事人以商标驰名作为事实根据，人民法院根据案件具体情况，认为确有必要的，对所涉商标是否驰名作出认定：以违反《商标法》第13条（就相同或者类似商品申请注册的商标是复制、摹仿或者翻译他人未在中国注册的驰名商标，容易导致混淆的，不予注册并禁止使用。就不相同或者不相类似商品申请注册的商标是复制、摹仿或者翻译他人已经在中国注册的驰名商标，误导公众，致使该驰名商标注册人的利益可能受到损害的，不予注册并禁止使用）的规定为由，提起的侵犯商标权诉讼。以企业名称与其驰名商标相同或者近似为由，提起的侵犯商标权或者不正当竞争诉讼；原告以被诉商标的使用侵犯其注册商标专用权为由提起民事诉讼，被告以原告的注册商标复制、摹仿或者翻译其在先未注册驰名商标为由提出抗辩或者提起反诉的。

在下列民事纠纷案件中，人民法院对于所涉商标是否驰名不予审查：被诉侵犯商标权或者不正当竞争行为的成立不以商标驰名为事实根据的。例如，原告以被告注册、使用的域名与其注册商标相同或者近似，并通过该域名进行相关商品交易的电子商务，足以造成相关公众误认为由，提起的侵权诉讼。被诉侵犯商标权或者不正当竞争行为因不具备法律规定的其他要件而不成立的。

（3）主动审查原则。

在驰名商标案件中，对于驰名事实应当采取积极主动的职权式审查。如果经过调查，主要证据上仍然存在疑问，驰名事实则不宜认定。主动审查原则要求商标权利人提升其证据意识，强化其举证责任，并辅之必要的法院调查，可以有效地避免被某些证明力有缺陷的证据所误导，从而加强认定驰名商标的可靠性和权威性。

3. 司法认定的标准

《商标法》规定："认定驰名商标应当考虑下列因素：（1）对该商标的知晓程度；（2）该商标使用的持续时间；（3）该商标的任何宣传工作

的持续时间、程度和地理范围；（4）该商标作为驰名商标受保护的记录；（5）该商标驰名的其他因素。

4. 司法认定需提供材料

根据《最高人民法院关于审理涉及驰名商标保护的民事纠纷案件应用法律若干问题的解释》，司法认定应当提供的材料包括：（1）使用该商标的商品的市场份额、销售区域、利税等；（2）该商标的持续使用时间；（3）该商标的宣传或者促销活动的方式、持续时间、程度、资金投入和地域范围；（4）该商标曾被作为驰名商标受保护的记录；（5）该商标享有的市场声誉；（6）证明该商标已属驰名的其他事实。

5. 司法认定的效力范围

理论上认为，司法认定驰名商标只是在个案中对商标知名度的事实认定，其效力范围应仅限于个案，比行政认定的效力范围小很多。但实践中司法认定与行政认定的差别并不明显。当发生商标纠纷时，司法认定仍然可以作为驰名商标的证据，从而享受驰名商标的特殊保护。

《最高人民法院关于审理商标民事纠纷案件适用法律若干问题的解释》第22条第3款规定："当事人对曾经被行政主管机关或者人民法院认定的驰名商标请求保护的，对方当事人对涉及的商标驰名不持异议，人民法院不再审查。提出异议的，人民法院依照商标法第14条的规定审查"。该规定认可驰名商标的司法认定在其他案件中适用，间接扩大了司法认定驰名商标的效力范围。

但驰名商标的认定不是一劳永逸、一成不变的，该商标的知名度会随着客观情势的变化而变化，在下次需要作为驰名商标保护时候，如对方提出异议，仍然需要再次认定，只是过去的认定可以作为参考，有利于新认定的成功实现。

6. 司法认定的局限

首先，司法认定属于个案认定。认定要在个案中进行，当事人提起认定申请必须形成诉讼中的适当诉求，人民法院对驰名商标的认定效力仅限于本案。司法认定的第二个局限是被动保护。人民法院只能应当事人的请求就商标是否驰名进行认定；当事人提起认定请求必须针对他人的侵害行为提起诉讼。

在涉及驰名商标保护的民事纠纷案件中，人民法院对于商标驰名的认定，仅作为案件事实和判决理由，不写入判决主文；以调解方式审结的，在调解书中对商标驰名的事实不予认定。

（三）行政认定

1. 申请途径

通过行政程序申请认定"驰名商标"目前有3条途径可走：

（1）通过商标异议案件由国家工商行政管理总局商标局认定。

《驰名商标认定和保护规定》规定，"当事人认为他人经初步审定并公告的商标违反商标法第13条规定的，可以依据商标法及其实施条例的规定向商标局提出异议，并提交证明其商标驰名的有关材料。"

商标异议是在商标经过初步审定后公告期内，还没有被注册之前，当事人认为其商标违反商标法的规定，向商标局提出该商标不应当获得注册的反对意见。这个意见任何人都可以提出。

驰名商标的保护范围比一般的注册商标范围要广很多，有的人可以认为自己的商标就是驰名商标，把自己的商标保护范围扩大一些，那么可以驰名商标持有人的名义提出异议，商标局根据一定的标准去审查，如果经过审查符合驰名商标的标准，商标局可以认定为驰名商标。

（2）通过商标争议案件由国家工商行政管理总局商标评审委员会认定。

《驰名商标认定和保护规定》规定："当事人认为他人已经注册的商标违反商标法第13条规定的，可以依据商标法及其实施条例的规定向商标评审委员会请求裁定撤销该注册商标，并提交证明其商标驰名的有关材料。"

商标争议和异议是不一样的，对未获得注册的商标提的反对意见是异议，对已经获得注册的商标提的反对意见就是争议，争议和异议一样是有期限限制的。

在商标争议中和商标异议中申请驰名商标认定的道理是一样的。依照《商标法》及其实例条例的规定，在商标评审过程中产生争议时，有关当事人认为其商标构成驰名商标的，可以向商标评审委员会请求认定驰名商标，此时，有关当事人应当依法提交其商标构成驰名商标的证据材料。

（3）在商标管理案件中由国家工商总局商标局认定。

《驰名商标认定和保护规定》规定："在商标管理工作中，当事人认为他人使用的商标属于商标法第13条规定的情形，请求保护其驰名商标的，可以向案件发生地的市（地、州）以上工商行政管理部门提出禁止使用的书面请求，并提交证明其商标驰名的有关材料。同时，抄报其所在地省级工商行政管理部门。"最后由国家工商行政管理总局商标局认定。

商标管理主要体现在商标侵权行政管理上。商标侵权有很多种形式，有的明目张胆直接就用名牌的商标，这种行为构成侵权是没有问题的；有的打擦边球，模仿名牌商标，有意让消费者混淆，这种行为是否构成侵权，需要具体分析。

总体来说，通过行政程序认定驰名商标处理机制相对完善详尽，审核程序较为复杂，要式要求严格，认定时间较长，难度较大。

2. 行政评审需要提供的证据

根据商标局颁布的《商标审理标准》，认定驰名商标的证据包括但不限于：

（1）该商标所使用的商品/服务的合同、发票、提货单、银行进账单、进出口凭据等；特别是使用该商标的主要商品近三年的产量、销售量、销售收入、利税等有关材料；

（2）该商标所使用的商品/服务的销售区域范围、销售网点分布及销售渠道、方式的相关资料；

（3）涉及该商标的广播、电影、电视、报纸、期刊、网络、户外等媒体广告、媒体评论及其他宣传活动资料，以证明该商标的任何宣传工作的持续时间、程度和地理范围，包括广告宣传和促销活动的方式、地域范围、宣传媒体的种类以及广告投放量等；

（4）该商标所使用的商品/服务参加的展览会、博览会或交易会的相关资料；

（5）该商标的最早使用时间和持续使用情况的相关资料；

（6）该商标在中国、国外有关地区的注册证明；

（7）商标行政主管机关或者司法机关曾认定该商标为驰名商标并给予保护的相关文件，包括该商标曾在中国或者其他国家和地区作为驰名商标受保护的有关资料；

（8）该商标被侵权或者假冒的情况；

（9）具有合格资质的评估机构出具的该商标无形资产价值评估报告；

（10）具有公信力的权威机构、行业协会公布或者出具的涉及该商标所使用的商品/服务的销售额、利税额、产值的统计及其排名、广告额统计等；

（11）该商标获奖情况；

（12）其他可以证明该商标知名度的资料。

4. 定期检阅商标公告，积极主张权利

企业应当指派专人或委托专业商标代理人定时查阅商标公告，检视商标主管机关是否受理与其相同或近似的商标。如有发现，应在法定期间内提起异议。否则，如果自己的商标标识被其他企业普遍采用，可能会弱化其保护力度，造成商标淡化。

美国有个著名案例。有一家企业使用用于女用袜子上的"Triumph"商标，发现有企业将该商标用在女用内衣上，就将其诉至法院。美国法院认为，该商标系一弱商标，因为已有207个"Triumph"或近似之商标获准注册，纽约市就有100个以上的企业以"Triumph"为其特取部分，最后驳回了原告的请求。可见，放任他人使用与自己相同或近似的商标，可能弱化自己商标的显著性和保护范围。

对于他人侵害商标专用权的情形，企业应积极禁止，如他人误将自己的商标作为商品名称或其他相关说明使用，更应注意及时提出异议。一旦发现有这类情形发生，企业应该立即以书面形式通知侵害人，要求立即停止不当使用行为，甚至通过刊登报纸杂志广告的形式公开侵权事实。如果对方充耳不闻，企业就应该及时提起商标侵权诉讼，采取法律途径制止对方的不当行为。

企业发现自己的权利受到侵犯或者有妨碍之虞时，在主张权利时要"及时"，以免由于时效问题而丧失权利的救济途径。例如，根据我国《商标法》第41条的规定，如果自争议商标注册之日起5年内，权利人不请求商标评审委员会裁定撤销该争议商标，别人则可能合法地、稳定地、获得该争议商标的注册；驰名商标所有人只有在别人恶意注册时，提出撤销争议商标的请求才不受5年的时间限制。所以，在法律规定的时间内，应当及时主张权利。

5. 规范竞争对手的使用行为

如果企业容许竞争对手将自己的商标作为商品名称使用，不及时加以干涉，商标作为商品名称使用的情形将越来越普遍，最后消费者也只会认为该名称系商品名称而非商标，商标就会变成该类产品的通用名称，形成商标淡化的事实。"JEEP"（吉普）本来是一家汽车公司在越野车上的注册商标，但国内汽车行业一直将吉普作为越野车的同义词，广泛使用，成为越野车的通用名词。

有些产品长期处于垄断地位，也容易使其商标向通用名称的方向发展。在非洲某地，日本的"本田"已成为摩托车的代名词，部分原因在于本田摩托车在当地的长期垄断和家喻户晓，使得产品通用名称与商标相互指代，含义混同，最终使商标的显著性丧失。

6. 规范合作伙伴使用

对于商标对外许可使用的企业来说，与合作伙伴签订的商标使用协议及其他合同性文件非常关键。这些合同可以规范合作伙伴对特定商标的使用行为，防止商标通用化。

只有企业的合作伙伴、经授权者可以在一定条件下被允许使用企业注册商标，且在相关合作合同中应约定合作者须遵守如下规则：

企业商标是企业的知识产权，应该得到任何第三方的尊重，任何误导性或蔑视性使用企业的商标的行为都应受到追究。

第三方获授权使用企业的商标应包含关于企业商标权属的陈述，例如做如下陈述："某某商标是企业拥有的注册商标，受法律的保护。"

案例：可口可乐公司的商标使用管理

在规范合作伙伴商标使用方面做得最好的是可口可乐公司，它们的饮料在世界上几乎所有国家都有销售，所以合作协议中的商标管理条款非常严格。可口可乐公司要同瓶装商、分销商、消费者、包装材料生产商、许可商品生产商等各种各样的人签订协议，以减少允许他人使用商标的风险。该公司的协议中坚持使用的格式化条款有：

1. 承认可口可乐公司对商标的专有权。尤其要求对方承认可口可乐公司是该商标及与之有关的所有权利、权属和利益的唯一的所有人。

2. 同意不挑战可口可乐的商标专有权，也就是不提出撤销请求。

3. 承认许可授权的限制。要求对方承认他们仅仅被许可以协议中明确列出的非常有限的方式使用该商标，除此之外，他们对该商标不拥有任何权利、权属和利益。

4. 因使用而产生的权利属商标所有人。可口可乐有这样一个条款：由于使用而产生的有关商标的所有权利属于作为商标所有人的可口可乐公司所有。

5. 控制使用方式。该公司要求所有商标的使用遵守一定的图文指南或标准。这是为了保证可口可乐公司的商标总是以一致和统一的方式出现。常常，这些图文指南与合同本身是分开的。对于签订几年的协议，图文标准在合同期内会几经变化。很重要的一点是商标所有人不仅要能够制定标准，而且还能够单方面地不断修改标准，而被许可人必须遵守新的标准。在一些合同中，被许可人须在使用前提交图样来获得事先批准。

6. 制定标准和规范的绝对权利。作为商标所有人，可口可乐公司为自己保留了单方制定和修改其商标商品标准和规范的绝对权利。商品的质量直接关系到商标的商誉。如果商标所有人没有制定标准并在必要的时候修改标准的权利，那么所有人就已经失去了对商誉的控制。

7. 质量控制。很重要的一点不仅是在合同中赋予商标所有人对其商品质量有控制权，而是商标所有人要积极地采取措施来实施质量控制。在可口可乐公司，无论是饮料还是被许可的产品，他们都采取积极的措施确保商品符合可口可乐公司的标准和规范，包括测试样品。如果商标所有人不打算去真正实施质量控制，仅仅在合同中包含质量控制条款是不够的。如果经营者不打算去真正实施质量控制，就不应再将许可进行下去。

8. 商品召回权。尽管已经尽一切努力对商品实施质量控制，仍然会出现商标所有人需要将商品从市场收回的情况，不论是出于什么原因。如果商品不符合质量标准，就决不能投放市场，如果已经投放市场，就要收回。可能会出现这种情况，商品在生产时是符合标准的，但是接下来的事件或新的情况使得它们仍旧需要被收回。商标所有人要有权在这样的情况下要求收回产品。

9. 保险条款。有时候，可口可乐公司在许可商标使用时要求被许可人购买保险来避免可能由作为商标所有人承担的责任。

10. 控制涉及商标的诉讼。有些国家，商标独占被许可人有权起诉侵权人，除非商标所有人在合同中另有规定。可口可乐公司保留控制涉及商标诉讼的独占权利，包括有权决定是否起诉。他们认为商标太珍贵了，不能把它的命运控制在他人手上。

11. 诉讼中的协作义务。可口可乐公司通常要求被许可人在公司涉及的任何商标诉讼案件中全面配合，并给予合理要求范围内的一切帮助。

12. 合约终止后的义务。合同终止或期满后的停止使用。被许可人在合同终止后停止一切商标使用是很重要的。根据许可使用的性质，停止使用包括：修改营业执照上带有该商标的公司名称，去掉营业场所上的商标，更改公司使用的文具、设备，重新油漆货车和其他运输工具等。合同中须规定被许可人有义务在合同终止或期满后采取积极的措施开展上述工作。

13. 协助许可备案义务。有一些国家，如中国，必须向政府部门进行商标许可备案。合同中须有条款规定被许可人有义务协助在商标所有人认为必要的文件上签字。同样，被许可人有义务协助商标所有人在许可终止或期满后撤销上述许可备案。

14. 禁止再许可。商标许可中重要的一点是被许可人的身份。如果被许可人能够将其责任和义务通过合同再许可给其他未知的第三方，商标所有人可能会无法实现其目的。因此，合同中总是包括禁止再许可条款。

7. 影响媒体使用

公众特别是媒体对商标的正确使用是对商标保护及维持其强有力品牌效力的重要组成部分。媒体的不当使用有时会导致商标的通用化，很多国外商标管理成功的公司都会及时监督媒体对商标的正确使用，发现有不当使用商标的情况就致函媒体，要求他们今后规范使用。在企业自己对外发出的新闻稿件中，涉及企业注册商标的，一定要加上商标标志，防止自我商标淡化。

8. 防止商标进入标准和各种招投标指导规范

商标淡化到一定程度，一些政府部门、行业管理机构会在标准制定、招投标规范中使用该商标。有的企业不了解情况，还对这样的社会性使用非常赞同，甚至自己也参与到标准制定或者招投标活动中，导致商标的彻底淡化。

面对这样的社会性使用，企业正确的做法是坚决抵制，发出律师函并积极备案，利用各种舆论渠道澄清事实，防止商标的进一步淡化。

9. 关注在词典和百科全书等工具书中的使用

商标出现在词典或者百科全书上，增加了商标被用作指代商品的可能性，商标因此成为通用名称而被撤销注册的几率也相应增加。因此，商标所有人应积极控制此种使用。

10. 防止商标进入专利申请文件

商标进入专利申请文件也可以导致商标淡化。这在我国是近几年出现的新问题。很多企业为了彰显自己申请的专利技术得到社会的认可，在专利申请文件中屡屡将自己的商标作为通用技术名词使用，在不知不觉中进行了自我商标淡化，成为此后竞争对手攻击的重要证据。

11. 争取商标显著性的回复

商标显著性淡化而退为通用名称时，也有可能恢复其显著性，尤其是该商标退化并非出于权利人过失之时。例如，美国法院于1888年及1896年曾分别判决缝纫机"Singer"商标及汽车轮胎"Goodyear"商标，在其专利期间届满时，均已成为表示各该商品之普通名称而欠缺显著性，判决撤销商标保护。然而，由于其长时间的专用与广告，"Singer"商标于1938年被判决重新取得显著性，商标保护被恢复；"Goodyear"商标也因广泛而长期专用，于1959年被判决回复其具有显著性。"香槟"也曾成为某种饮料的通用名称，后来也作为地理标志（可作集体商标或证明商标）加以保护。可见，面对商标被淡化的事实，如果不是出于企业自己的过失，通过积极应对，合法争取，也有可能收回其原有的显著性。

四、丑化风险

所谓商标丑化，是指商标受到污损、贬低或其他相对负面的影响，使得该商标及其所指产品的良好商誉或正面形象被冲淡的现象。比如，将他人在牙膏上的商标"tiena"使用在马桶等洁具产品上，这无疑会给"tiena"牙膏的消费者，带来不好的感受，使"tiena"牙膏的既有形象受到负面的影响。商标丑化的结果是淡化了商标原有的声誉或形象。

该风险的应对措施是关注商标注册公告，对可能引起本企业丑化风险的商标进行处理。

第五章

商业秘密风险管理

第一节　概述

商业秘密，是指不为公众所知悉、能为权利人带来经济利益，具有实用性并经权利人采取保密措施的技术信息和经营信息。

与其他知识产权（专利权、商标权、著作权等）相比，商业秘密有以下特点：

第一，商业秘密的前提是不为公众所知悉，而其他知识产权都是公开的，可以通过公开渠道了解有关信息。专利权甚至有公开到相当程度的要求，否则就不能通过知识产权管理部门的审批。

第二，商业秘密的所有人必须采取适当的保密措施。商业秘密一旦被他人所知，就失去了法律的保护。如果保护措施得当，一项技术秘密可以延续很长时间，远远超过专利技术受保护的期限。这也就是很多企业将最尖端的技术采用商业秘密形式保护的原因。

第三，商业秘密没有申请、注册、登记程序。专利需要权利人申请和国家管理部门审批，商标受到保护要经过注册程序，著作权则需要登记和出版来证明权利的存在。商业秘密则没有任何相关程序要求。这也给商业秘密保护带来了取证方面的特殊风险。

第四，商业秘密是一项相对的权利。商业秘密的专有性不是绝对的，不具有排他性。如果其他人以合法方式取得了同一内容的商业秘密，他们就和第一个人有着同样的法律地位，其商业秘密也得到国家的保护。商业秘密的拥有者既不能阻止在他之前已经开发掌握该信息的人使用、转让该信息，也不能阻止在他之后开发掌握该信息的人使用、转让该信息。

商业秘密风险及管理策略管理见表5-1。

表5-1　商业秘密风险列表

风险节点	风险事项	基本描述	风险识别	风险评价	建议应对策略和措施
创造	权属风险	企业间合作产生的技术秘密权属纠纷风险	合同审查；合作管理	资产流失；法律纠纷	合作合同；加强合作流程管理
	披露风险	员工拒绝将研发的技术秘密向企业披露	内部管理	资产流失	加强发明披露制度
	泄密风险	管理不严导致商业秘密泄露	内部审查	资产流失；经营受影响	加强保密管理
	价值评估风险	在商业秘密许可和转让时及接受许可和转让时的价值评估风险	专家咨询	资产流失	专家团队；科学适当的评估方法
运用	合作伙伴选择	接受许可或转让的合作方诚信风险	尽职调查	合作失败；商业秘密泄露；法律纠纷	合作前的尽职调查
	合同风险	由于合同设计不完善导致商业秘密运用中出现问题	合同审核；专家咨询	合作失败；资产流失；法律纠纷	合同签订前加强审核；合同谈判
	执行风险	商业秘密运用过程中的泄密导致风险	合作监控	合作失败；资产流失；商务关系破裂	加强合作过程的监管
保护	权利不稳	由于权利存在瑕疵导致风险	专家咨询	维权失败；资产流失	专家咨询
	证据不足	证据不足导致维权的风险	专家咨询	维权失败	内部管理；证据收集；行政措施；申请法院取证；专家咨询
	泄密风险	维权过程中泄密	维权	资产流失	加强诉讼管理
日常管理	档案风险	档案管理不到位导致泄密	内部管理	资产流失；维权失败	加强档案管理；商业秘密分级管理；商业秘密载体管理
	管理机制风险	制度缺陷或者组织缺陷导致的风险	内部监督	资产流失	制度建设；组织建设
	保密策略风险	保密策略不当导致的风险	内部监督	资产流失	重点保护
	员工管理风险	人力资源管理不到位导致泄密风险	内部管理	资产流失；诉讼纠纷	劳动合同；保密协议；竞业限制

第二节　商业秘密风险管理要点

商业秘密的特点决定了泄密是其创造、运用、保护、管理中最主要的风险。商业秘密创造阶段的权属风险、披露风险，运用阶段的价值评估、合同执行风险，保护阶段的权利不稳、证据不足等风险，都与专利相关阶段的风险大同小异，所以本章集中介绍商业秘密的保密风险管理。

一、档案管理风险

商业秘密得到法律保护的前提是采取了适当的保护措施，而最规范的商业秘密保护措施就是档案管理。商业秘密档案管理风险与专利、商标并无二致，但风险的应对措施却有自己的特点。

应对商业秘密档案管理的措施很多，下面主要介绍商业秘密分级管理和载体管理。

（一）商业秘密分级风险

由于企业商业秘密涉及的范围很广，为了起到保护商业秘密的效果，企业可以将商业秘密进行分级管理，根据不同的保密级别确定保密措施和保密负责人。

企业可将所有商业秘密分为"绝密"和"秘密"两级。绝密级的商业秘密是企业最重要的秘密，泄露会使企业的重大合法权益遭受特别严重的损害；秘密级的商业秘密是企业重要的秘密，泄露会使企业权益遭受损害。当然，企业也可以根据自身需要将商业秘密分成"绝密"、"机密"、"秘密"三级或者更多级别。

企业可以根据需要确定和调整商业秘密的密级。

绝密级的商业秘密由企业商业秘密管理委员会负责管理和决策，决定绝密级商业秘密的范围，决定该等商业秘密的知晓范围，批准该等商业秘密的对外披露事务。

绝密级的商业秘密根据情况由企业知识产权管理办公室或商业秘密保护联系人负责管理。

一般来说，企业经营发展中直接影响企业权益和利益的重要决策文件为绝密级；企业的规划、财务报表、统计资料、重要会议记录、企业经营情况、企业人事档案、合同、协议、尚未进入市场或尚未公开的各类信息为秘密级。

企业的技术秘密根据其生命周期、成熟程度、潜在价值和产品市场需求等因素设置密级。

企业根据实际情况定期或不定期地制定、修改和公布"企业商业秘密保护目录"。

企业可以根据情况对特殊的企业商业秘密载体标明密级，商业秘密标识方法为：书面形式的商业秘密在文件的末尾或说明书的封面添加标识；记载于其他载体上的商业秘密用前项规定的标识方式标在易于识别的地方；对涉密的电脑及相关技术，根据情况在其存储载体和电子文档中设立保密标志。

（二）商业秘密载体管理

商业秘密载体是指以文字、数据、符号、图形、图像、声音等方式记载企业商业秘密信息的各种材质的介质。企业须加强商业秘密载体的管理。

企业商业秘密载体的制作、复制、传递、使用、销毁在商业秘密管理办公室的指导下执行。商业秘密的载体包括正本和若干副本，副本与正本的保密级别相同。除特殊情况都应在商业秘密管理办公室登记备案，存放于保密柜中，由保密员妥善保管。

企业需要严格管理商业秘密的采集、制作、保管。员工在履行职务过程中，对其作出、取得的商业秘密事项，应在规定的工作日内向部门商业秘密管理联系人请示报告，由商业秘密管理联系人会同知识产权管理办公室确定是否属于商业秘密并确定其保密级别。如属商业秘密应及时上缴其载体。在知识产权管理办公室对商业秘密进行分级标示后，应根据业务需要制作若干副本，送达各有关部门的商业秘密管理联系人管理。

由于履行职务需要，依照规定可临时由员工个人保管的商业秘密，应向知识产权管理办公室或部门商业秘密管理联系人备案，慎重保管，不得向任何第三人泄露。

商业秘密载体的复制、使用、传递也需要制定相关制度。非经商业秘密管理委员会或总经理批准，任何员工不得复制和摘抄绝密级的商业秘密；非经商业秘密管理办公室负责人或各部门商业秘密管理联系人批准，任何员工不得复制和摘抄秘密级的商业秘密。

员工因工作需要使用商业秘密，应该经商业秘密主管人（根据不同情况为商业秘密管理委员会、商业秘密管理办公室负责人及各部门商业秘密管理联系人）批准后，从商业秘密管理员处借用或复制商业秘密。商业秘密管理员根据商业秘密主管人的批示复制或借出商业秘密载体，同时对商业秘密载体的借用和复制进行登记备案。

商业秘密使用完毕，员工应及时交还商业秘密载体。员工在调离本部门或离开公司时，应该向部门的商业秘密管理联系人交还在职期间保管的所有商业秘密载体。

收发、传递和外出携带商业秘密载体，由指定人员担任，并采取必要的安全措施。

商业秘密载体的销毁管理也非常重要。不再使用的商业秘密载体应及时销毁（包括烧毁、撕裂、溶解、破坏或消磁等），由保管人交回知识产权管理办公室，由商业秘密管理办公室使用专业销毁设备统一销毁，以确保秘密信息无法还原。员工不得向个体商贩、废品收购单位出售商业秘密载体。

二、保密策略和保密措施风险

商业秘密保护的措施不当，既达不到商业秘密保护的目的，又增加了企业的管理成本。该风险的应对措施一是加强重点领域的保护，二是加强商业秘密保护的技术措施。

关注商业秘密管理重点：商业秘密管理要有重点地进行，集中力量管理最有可能泄密的人、地点、时间、事件。最容易泄密的人包括：研发主管、研发项目负责人、主要发明人、各部门的主管等。另外禁不起诱惑的高层管理者，心怀不满、忠诚度不够的员工，不受重视的低层员工，兼职员工等应重点关注。最容易泄密的地点有：会议室、研讨会会场、饭店、咖啡馆、茶馆、电梯、机场（大厅与男厕）等。最容易泄密的时间是企业员工离职时、企业内部进行重大变革时。最容易造成泄密的事件有技术引进、技术转移，员工跳槽、外宾参观访问，诉讼等。企业商业秘密保护的技术措施包括以下几种。

（一）门禁管理

企业根据情况实行门禁制度，严禁社会人员进入企业；未经有关部门批准，任何员工不得邀请他人进入企业。

除了应登记及配带识别证外，通常必须由被访人员亲自将访客带入企业，而非任由其自由走动，此外接待部门亦设有全天候二十四小时的电视屏幕监视系统，就入口及各主要通道，实行控管。

（二）保密区域管理

商业秘密管理委员会根据需要划定企业的保密区域，并设立明确标志；任何非在保密区工作的员工没有得到商业秘密管理办公室或有关部门商业秘密管理联系人批准不得进入保密区域。

（三）会议保密

具有属于企业秘密内容的会议和其他活动，应采取以下措施：选择具备保密条件的会议场所；根据工作需要，对参加密级事项会议的人员予以指定；依照本规定使用会议设备和管理会议文件；确定会议的内容是否传达及传达范围；会议形成的记录和决议应该送知识产权管理办公室分级保管。

（四）电脑及互联网管理

储存商业秘密的电脑系统应当设置安全密码，关键的数据和软件应该加密。

任何员工不经部门商业秘密责任人同意不得进入别人使用的保密电脑系统。

企业根据情况监看电子邮件传送。员工通过电子邮件传输商业秘密，要得到部门商业秘密责任人的同意，并在电子邮件中作明确的保密提示。

企业根据情况建立数据存取权限，设置防火墙等安全系统。

企业各部门根据需要配置公用的信息存储设备，任何员工未经商业秘密管理联系人同意不得将自有的磁记录工具（包括但不限于硬盘、软盘、优盘）带入企业。

（五）其他技术手段

企业可根据情况实行传真机与复印机的管制使用，对电话、复印机、传真机等设备进行管制。

资料：夏普的"黑箱作业"

随着中国、韩国等亚洲国家竞争力的提升，日本的国策已经从"科技立国"演化到"知识产权立国"，日本国内保护知识产权的呼声日益高涨，近年来呼声最高的就是反对海外设厂，反对技术外流，呼吁跨国企业"投资回归"，加强商业秘密的保护。最典型的例子就是夏普的"龟山工厂"。

夏普是液晶显示器技术的鼻祖，自从1973年首先推出液晶显示功能的计算器之后，后续开发了有液晶画面摄录机等多项领先其他企业的产品，始终居液晶企业的龙头。该企业拥有很多没有申请专利的核心生产技术和工艺，为了保护其绝对领先地位，设置了生产液晶显示器核心部件的龟山工厂。该厂位于日本三重县，2004年初开始实现生产。该厂负责量产先进的液晶面板母板，而且还实现了从液晶面板到高档液晶电视采取一条线作业生产，是夏普最尖端的生产基地。设置该厂的目的只有一个：延续"液晶王国"的宝座，将核心技术锁在国内。为达到这一目的，龟山工厂像善于自我保护的乌龟一样，将技术秘密、技术诀窍做了彻底的保密，这就是著名的"黑箱作业化"。

据报道，夏普龟山工厂大约有23万多平方米，所有厂区全面封闭。不同零部件分别由不同的厂区生产，一座一座厂区用电子通信设备联络，从生产、检验产品到出货，公开的只有极小的一部分。即在同一生产设备的生产过程中，不同步骤和结构的工作人员也不能进去其他环节的生产区。这个思路一直延续到工厂的生产中，在生产线上，员工不能随意进入非自己岗位所在的其他环节。这样，通过对不同部门的员工进行区隔，加强制造技术的保密和隐匿，从生产、检验到出货整体流程的不完全公开，夏普实现内部黑箱化彻底作业，有效避免了人才和技术的流失导致的生产工艺的外泄。能够看到整个工厂的，只有一部分高级干部和负责人；为了防止偷拍，甚至严禁员工携带附有摄影功能的移动电话；为了防止员工成为"猎头公司"的对象，规定员工不得和访客交换名片。总之，工厂内的一切都是"企业机密"。管理者强调，"生产技术如同鳗鱼店秘传的配料，是绝对不能亮出来的"。

2007年11月，夏普最大的生产基地，大阪堺市的第十代液晶面板生产线开始动工建造，同样采用"黑箱化作业"的模式。

三、员工管理风险

人是商业秘密的创造者、管理者，也是商业秘密泄露的主要渠道。企业必须通过对员工的管理来减少商业秘密的泄露。

（一）制定商业秘密管理规定

员工管理的第一步是制定"商业秘密管理规定"，明确员工的保密义务，并向所有员工进行公示宣讲。

这里指的员工包括企业的所有员工及代理、顾问、获授权者等与企业通过各种契约确立劳动或劳务关系的人。

应该规定员工应树立强烈的保密意识，既要对企业的商业秘密负有保密义务，又不得侵犯其他企业的商业秘密。员工保证严格保护企业的商业秘密，除因工作需要并善意履行对企业义务和得到企业有关部门或负责人指示并在业务需要的程度内，向应该知道保密信息的企业其他员工或企业的客户进行保密交流外：不得盗窃、利诱、胁迫或者其他不正当手段获取权利人的商业秘密；不得进入与其业务无关的工作区域，更不得进入经理室、财务室等保密区域；不得打听或以其他方式获得其他部门的保密信息；不得向企业外的人或其他企业泄露企业的商业秘密，也不得直接或间接向企业内部无关人员泄露商业秘密；对因工作所暂时保管、接触的涉及企业合作伙伴的保密信息应妥善对待，未经许可不得超出工作范围使用和泄露；严格保管自己的各种商业秘密资料和技术笔记；不得在私人交往和通信中泄露企业秘密，不得在公共场所谈论企业秘密；在各种社会活动中，严禁超越规定和要求，介绍企业的商业秘密；发表各种技术文章和参加市场评论，应遵守企业的保密制度以及《专利工作管理规定》，不得泄露企业的商业秘密；企业员工发现企业秘密已经泄露或者可能泄露时，应当立即采取补救措施，并及时报告知识产权管理办公室或部门负责人；不得为自己的利益使用（包括利用企业的商业秘密成立自己的企业）或允许他人使用自己掌握的企业商业秘密。

（二）签订商业秘密保护协议

员工商业秘密管理的第二个主要工作是与在职员工签订商业秘密保护协议，实现一对一的约束。

企业需要与重要员工签订竞业限制合同，或者在劳动合同中增加竞业限制条款。竞业限制合同一定要符合法律的规定，不得设置过长的竞业限制年限，也不能拒付补偿金。

保密协议中可以约定脱密期。它的适用对象一般只限于掌握企业重要商业秘密的技术人员和管理人员。用人单位可采取调换岗位、变更劳动合同内容等措施，对有关人员做脱密处理。但在脱密期的时间问题上，应当参照《劳动部关于企业职工流动若干问题的通知》和《北京市劳动合同规定》等规定，一般不得超过劳动合同解除或终止前的6个月。

保密协议中可以约定向员工支付保密费。保密费的数额法律没有强制性规定，但根据民法的原则不能显失公平。例如，如果一个保守商业秘密的义务影响了他（或她）离开企业以后在新的岗位上的工资收入，那企业就有义务予以补偿。同理，如果员工（比如清洁工）在企业的工作岗位与企业秘密较少接触，那企业就不用支付其保密费用。

保密费可以在员工离职时一次性支付，也可以在员工工作期间以工资的形式分批支付。企业应该在与员工签订的《劳动合同书》中明确表示员工的一部分工资是保密费；在员工的工资单或员工领取工资时签名的工资簿上，写明保密费若干元，由员工签名确认。

（三）对离职员工的管理

为了避免公司商业秘密因离职员工不当使用而披露给竞争对手，在员工辞职时，应严格履行交接手续，同时：

（1）检查该员工近期内接触机密文件的时间与使用频率，看是否有异常现象；

（2）限定该员工进入保密系统的权限，包括读取、修改、存取、打印、进入保密区、接触保密文件等权限。

（3）确保公司已取回所有员工保留的机密文件、相关商业秘密载体；

（4）清查该员工所持有或知悉的公司商业秘密，并造册记录，由该员工签字确认。这样做有利于掌握该人员所涉及商业秘密之范围，作为双方日后对于机密范围有争议时之认定依据；

（5）离职面谈，提醒员工曾经签订的商业秘密保护合同，提醒离职后仍负有保密责任及竞业禁止等义务。

（6）针对特殊的员工补充签订商业秘密保护合同，具体列举其应保密的商业秘密范围。

（7）应设法了解员工离职原因以及去向；主动与其新入职的企业联系，告知其该新进员工对原公司的商业秘密保护义务，并提醒其新入职的企业避免不当使用自己的商业秘密造成侵权。

高层管理人员正式离职，企业首先应向公司内部通告，交代清楚该员工为何要离职，避免员工以讹传讹，影响工作气氛；同时让所有员工了解该员工已经离职或者即将离职，以避免不知情员工继续向其泄露公司商业秘密。最重要的，是应向与该员工有业务往来的顾客、供货商等发出书面通知，避免不知情的合作伙伴继续向其披露商业秘密。

如果是企业主动解除与员工的劳动合同，企业可以尽量在很短的时间内办理离职手续，不给解职员工复制有关商业秘密文件的机会。近几年，国内很多公司学习国际跨国公司做法，在解除劳动关系的当天突然通知员工本人，同时要求在人力资源部工作人员的监督下马上办理离职手续。这样突然袭击虽然失之厚道，但对商业秘密保护也有一定的作用。

对于从事公司规定的特殊岗位工作的员工，应规定提前更长时间（不是《劳动合同法》规定的一个月）通知公司，如有必要，公司可以调整员工的工作岗位。需要脱密的员工名单由有关部门确定并公示。

资料：日本员工泄密

前几年，日本企业发现存在大量的"技术外流"，外流的对象包括中国大陆、中国台湾地区、韩国，外流的主要渠道是人员往来。

日本方面经过研究分析，发现主要漏洞在"打零工"，也就是企业员工以技术指导的名义去国外企业"打零工"。常见的情况是，日本知名企业的核心技术人员利用星期六、星期天跑到北京、上海、台北等地的企业提供技术指导。一般是星期五下午下班后或星期六清早乘飞机出发，星期天坐晚班飞机返回日本，工作内容是为顾问企业排除生产在线的困难。这些企业一般对日本的技术人员殷勤招待，支付的报酬也很高，几次指导就能获得丰厚报酬。

事实证明，日本人平时很内向，但对别人的友好招待没有警惕心，喝酒一高兴就打开了闷葫芦，问一答十，滔滔不绝，很轻易就将商业机密吐露给了对方。据说，韩国企业一般会由企业的最高层出面设宴款待这些技术人员。宴会开始之前，这些高层会郑重其事地鞠躬致谢，并且坦率地表示"这是企业的新业务，希望您无论如何都一定要帮忙"，日本技术人员平时在企业唯唯诺诺，受到如此重视，多半会激动不已，满口承诺。

为了防止"打零工"性质的商业机密外流，日本企业要求员工将护照交给企业保管，只有员工到国外出差时才重还护照，出差一结束就得继续将护照交给企业，由企业锁入保险柜，尽管如此，很多员工仍然想各种办法到国外打零工。

近年来，情况又有了变化。日本经济裹足不前，企业重组、裁员、合并频频。很多企业都是在没有预告的情况下突然解雇员工。心生不满的被解雇技术人员大量流向韩国和中国企业，全心全力为竞争对手或者潜在竞争对手的新雇主服务。

（四）完善竞业限制

员工管理的第三步是完善竞业限制制度。在知识经济时代，各国保护商业秘密的重点已经从保密制度转到协议保护方式，尤其重视竞业限制这样的人身控制方式。

竞业限制，是企事业单位员工在任职期间及离职后一定时间内不得到与本企、事业单位相竞争的其他企、事业单位中就职的一种法律制度。

竞业限制起源于公司法中的董事、经理竞业限制制度。目的是为防止董事、经理等在工作过程中利用其特殊地位损害公司利益。

随着时代的发展，企业发现普通员工在离职后对企业的商业秘密保护存在很大的风险。由于企业部分员工对企业的经营和技术情况了如指掌，跳槽后也往往选择与其以前形成的业务特长相同或者近似的业务。一旦在跳槽后从事这些职业，不但易于成为原就职企业强劲的竞争对手，而且由于自身的便利和业务的需要，往往会情不自禁地使用原企业的商业秘密。为防止出现这种局面，西方国家率先将公司董事、经理竞业限制制度移植到商业秘密的保护中来，从而形成竞业限制。

竞业限制的约定不得违反法律、法规的规定，所以企业在制定竞业限制制度时，关键是要了解法律规定的一些限制条件，以免达不到竞业限制的目的。

第一个限制是对主体的限制。《劳动合同法》规定，竞业限制的人员限于用人单位的高级管理人员、高级技术人员和其他负有保密义务的人员。一方面如果企业与对其利益不会造成威胁和损害的人员也给予竞业限制，就会损害他们的劳动权利；另一方面，企业没有必要将竞业限制的范围无限扩大，因为企业须向签订竞业限制的员工支付竞业限制补偿费，如果范围太广企业会不堪重负。在实践中，用人单位往往针对以下几类人员签订竞业限制协议：高层管理者；技术研发人员；高级营销人员；重要管理岗位的人员，如财务管理人员、法务管理人员等。

第二个限制是对从业范围的限制。《劳动合同法》规定，企业可以要求有关员工不得"与本单位生产或者经营同类产品、从事同类业务的有竞争关系的其他用人单位，或者自己开业生产或者经营同类产品、从事同类业务"。企业不能过度限制员工离开企业后的从业范围，因为这会侵犯劳动者的就业和生存的权利。

第三是对期限的限制。《劳动合同法》规定，竞业限制的时间不得超过2年，这也是出于对劳动者就业权利的保护。由于现在科技发展迅猛，知识、技术更新换代越来越快，一般商业秘密经过两年基本上已丧失了秘密性，因此《劳动合同法》规定竞业限制的期限最长为2年。

第四是对补偿条款的限制。《劳动合同法》规定，当事人在劳动合同或者保密协议中约定竞业限制条款的，必须同时约定经济补偿的内容。用人单位应当在终止或解除劳动者劳动合同后，给予劳动者经济补偿。该经济补偿标准、数额由当事人自行约定。

在实践中，很多企业将保密费和竞业限制补偿金混为一谈。实际上，保密费是用人单位对承担保守商业秘密义务的劳动者给予的相应津贴，而竞业限制补偿金是用人单位对劳动者不去竞争性单位任职或自营竞争性企业而给予的补偿。保密义务是劳动者的法定义务，因此保密费可发可不发；竞业限制义务是约定义务，是对劳动者离职后一定时间内择业权的限制，因此，竞业补偿金必须按约定发放。

竞业限制协议（条款）中最重要的就是有关合理补偿的内容，没有约定补偿的竞业限制协议（条款）是无效的。

补偿数额限制。合理的补偿应当与员工的收入情况相一致，还应综合考虑这一商业秘密带给用人单位的利益、竞业限制的时间长短、区域的大小等情况，大致为合同终止前最后一个年度员工从企业所获得报酬总额的20%到2/3。

《劳动合同法》还规定了补偿支付方法，那就是必须按月支付，排除了一次性支付方法。

四、对外合作风险

企业的对外合作是必须的，但对外合作是企业商业秘密流失的主要途径之一，应对该风险的措施包括：

（1）加强合同约束。为了减少流失，企业必须加强对外合同的管理，与合作方签订严格的商业秘密保护协议，或者在合同中签订保密条款，并约定惩罚性违约金。

（2）防止商务谈判和生产过程中商业秘密的流失。在一些商务谈判中，经常会出现泄露商业秘密的情形，个别企业甚至利用磋商的机会不当获取对方的关键流程、技术秘密等，我国当年的"景泰蓝"技术以及"宣纸"技术就是这样失密的。为防止失密，公司应注意在谈判过程中采取有选择地披露信息、限定参观区域、禁止录音和记录等措施进行防范；同时应重视根据我国国际惯例与对方签订保密协议和谈判不成功时的"不使用"协议，以此加强对企业商业秘密的保护，防止失密。

案例：华为商业秘密保护

在高科技产业，商业秘密是企业主要的知识产权的形态和内容。以华为为例，该公司的研发成果绝大部分是以商业秘密的形式存在的，这些商业秘密，不但是企业最重要的价值，而且是企业发展的根基。

华为公司有一个部门—信息安全部，有将近200多人，主要工作内容就是商业秘密的保护，采取的保护商业秘密的制度比美国都要严格很多。事实上，不只是这200多人的信息安全部工作人员，华为还拥有令国内其他企业颇为美慕的强大知识产权部门，该部门也有商业秘密保护的职责。这样，作为知识产权保护重要内容的商业秘密，也就得到了双层甚至多层架构上的保护。

华为商业秘密保护的第一个特点是专利和商业秘密交叉保护。在华为，商业秘密是知识产权所有的权利形式中最大的一部分，因为企业在进行知识产权保护的时候，往往采取专利和商业秘密交叉保护的方式，即针对比较容易构成侵权的、比较容易看到的成果，采用专利技术来保护；对于很难通过外部形式来看到的成果，则采用商业秘密的形式来保护。

实际上侵犯商业秘密比侵犯专利权对企业的威胁更大。因为它得到的是一个可以直接制造产品的成果，所以，"专利和商业秘密交叉保护"策略在一定层次上能解决专利之外的商业秘密保护问题。

华为商业秘密保护的第二个特点是靠企业文化扼制"泄密侵权"行为。在华为，差不多每年都会查出上百件侵犯商业秘密的事件，除了极少数非常恶劣的情况，绝大多数不会走到法律程序的层面。在这上百件的侵权事件中，基本都出在国内的研发机构。

华为在美国、印度、瑞典、英国等地都设立了研究所。1995年开始到现在，已经十几年时间了，但这些研究所还没有碰到过严重的侵犯商业秘密的案例，更没有碰到拿着华为的技术去做产品的案例。原因是在欧美的法制环境与文化认同里，侵犯专利权实际上只是一个经济的代价，无非就是赔偿的问题。但是侵犯商业秘密和著作权，就不仅仅是经济代价的问题，还有一个名誉的代价问题。"拷贝"与"复制"，在他们看来就是"偷窃"。所以往往在欧洲和北美，如果侵犯了一个企业的商业秘密，企业就很难再生存下去，因为它的诚信已经没有了。国内还没有建立起这种深度诚信的环境，所以华为将很多研发中心移到了国外，也希望这种跨国的文化认同一定程度上感染国内的研究人员。但是，企业文化认同的基础往往还是社会文化与法制环境，所以，一度在媒体面前保持低调的华为，频频在有关知识产权的会议上露面，期待通过自身的努力与呼吁推进法制环境对泄密侵权行为的扼制。

华为商业秘密保护的第三个特点是严密进行研发过程控制，实行"分项目、分地域"进行研发。在华为，很多研发设计是分项目进行的，把一个产品分解，由多个项目组完成。这样，任何人包括这个业务领域的最高行政长官都没有权利拿到所有的东西，因此，泄密者也不可能拿到一个产品所有的东西，最多只能拿到一部分。

然而，任何再高明、再缜密的组织设计和结构设计，都不能保证"人"不会出问题，于是，有企业这样做：一个产品可能有10个项目，每一个项目挖一个以上的人，挖了三十几个人，这样凑起来就可以掌握整个产品生产的商业秘密。为了解决这个问题，华为在分项目的基础上，再采用分地域完成的方式，将分解的软件，由处于全球不同地区的公司开发，然后再组合在一起，形成一个完整的产品。

华为这种全球同步异地开发的设计，一个产品可能有一部分在印度开发，有一部分在美国开发，正好有时差，可以传递着来做一些事情。同时又保证没有哪一个地方可以拿全东西，这样在地域的安排上使得信息更加安全一些。

华为商业秘密保护的第四个特点是系统的信息安全保护。华为的信息安全保护采用最严格的方法，分为三个方面，第一是制度设计，第二是管理授权的设计，第三是技术设计。

165

在制度设计上，华为有一整套的管理文件，并赋予该管理文件以最高权力，如果有工程师触犯相应的管理规定，就要承担非常严重的后果。

在管理授权的设计方面，华为建立了基于国际信息安全体系架构的流程和制度规范。举例来说，在"进驻安全"和授权的控制上，我们保证一个"相关性"原则和"最小接触"原则，也就是说，所有的文档和技术根据其保密的分级分层来进行不同的授权，只有一个完全必要的人才能接触相关的技术，而且接触是在相应的控制和监督的情况下进行。

这套看似简单的流程控制制度，在实际的安排中是很复杂的。华为员工有一本很厚的《信息安全白皮书》，专门对此进行约束。

有关技术设计的手段，除了前述将（软件）产品进行肢解跨地域开发的方法外，华为将所有的研发网络是跟公司的大的局域网断开。再如，在全球化异域同步开发体系中，研究人员开发的成果并不在本地的计算机上，而是在一个设控状态的服务器上，任何从该服务器发出的信息都是有备份的，如果有问题可以回溯和检查等。

第六章

著作权风险管理

第一节　概述

著作权是文化创意型企业的核心无形资产，与生产性企业相关的著作权形式主要包括以下几种：一是文字作品如各种宣传材料、产品说明材料；二是艺术作品如广告中创作的或者选取的音乐、舞蹈、美术作品、摄影作品、影视作品；三是各种科技作品如如建筑物的设计图纸、工程设计图、产品设计图、地图、示意图等图形作品和模型作品；四是软件作品。著作权的保护、管理方面的风险与专利、商标所差甚少，所以本章不展开来讲，只介绍区别较大的著作权登记风险和衍生作品利益纠纷。表6-1为著作权风险管理表。

表6-1　著作权风险管理表

风险节点	风险事项	基本描述	风险识别	风险评价	建议应对策略和措施
创造	权属风险	著作权委托创作导致的权属风险	内部监管	资产流失；法律纠纷	合作合同审查
	创作侵权纠纷风险	侵犯在先的著作权导致风险	内部监控	法律纠纷	信息收集；合同约束；内部监管；软件开发洁净室
	登记风险	没有登记导致举证困难风险	内部监控	维权困难；运用受影响	及时登记；软件作品登记；有选择地登记
运用	衍生作品利益纠纷风险	有基本文字作品衍生的影视、表演等作品产生的利益发生争端的风险	专家咨询	资产流失；合作失败	合同约定衍生作品著作权利益分配
	价值评估风险	在著作权许可和转让及接受许可和转让时的价值评估风险	专家咨询	资产流失	专家团队；科学适当的评估方法
	合作伙伴选择风险	接受许可或转让的合作方诚信风险	尽职调查	合作失败；资产流失；法律纠纷	合作前的尽职调查
	合同风险	由于合同设计不完善导致著作权运用中出现问题	合同审核；专家咨询	合作失败；资产流失；法律纠纷	合同签订前加强审核；律师参与合同谈判
	执行风险	著作权运用过程中的泄密问题	合作监控	合作失败；资产流失；商务关系破裂	加强合作过程的监管
保护	权利不稳	由于权利存在瑕疵导致风险	专家咨询	维权失败；资产流失	专家咨询
	证据不足	证据不足导致的风险	专家咨询	维权失败	内部管理；证据收集；证据全；行政措施；申请法院取证；专家咨询
日常管理	档案风险	档案管理不到位导致的风险	内部管理	资产流失；维权失败	加强档案管理

第二节　著作权风险管理要点

一、著作权登记风险

著作权在作品创造完毕同时产生，不需要注册和申请审查手续，所以著作权没有强制登记制度，采取自愿登记原则，作者或其他著作权人依法取得的著作权不受登记的影响。著作权登记是企业拥有有关作品的旁证，对企业作出创造的时间有重要的证明作用。具体说来，著作权登记的意义有：为维护作者或其他著作权人和作品使用者的合法权益，有助于解决因著作权归属造成的著作权纠纷，并为解决著作权纠纷提供初步证据；有利于作品、软件的许可、转让；有利于作品、软件的传播和经济价值的实现。作品不及时登记会影响企业著作权的维权和运用，但工业企业的很多作品是没必要进行登记的，企业可以有选择地登记。

由于作品工业化运用性质，软件作品的登记很多情况下是必要的。软件作品登记并不是著作权产生的必须条件，但是代价不大却对企业很有帮助。

资料：软件著作权登记

我国实行计算机软件著作权登记制度。著作权从软件完成之日起就自动产生，登记并不是权利产生的必要条件。软件著作权登记申请人通过登记，可以通过登记机构的定期公告，向社会宣传自己的产品。

（一）软件著作权登记的意义

在发生软件著作权争议时，《软件著作权登记证书》是主张软件权利的有力武器，同时是向人民法院提起诉讼，请求司法保护的前提。如果不经登记，著作权人很难举证说明作品完成的时间以及所有人。

在进行软件版权贸易时，《软件著作权登记证书》作为权利证明，有利于交易的顺利完成。同时，国家权威部门的认证使软件作品价值易于得到对方认可。软件登记后，就可以合法地在我国境内经营或者销售该软件产品，并可以出版发行。

（二）软件著作权登记准备材料

1. 按要求填写的软件著作权登记申请表；

2. 软件的鉴别材料：

程序和文档的鉴别材料应当由源程序和任何一种文档前、后各连续30页组成。整个程序和文档不到60页的，应当提交整个源程序和文档。除特定情况外，程序每页不少于50行，文档每页不少于30行。

3. 相关的证明文件：

（1）自然人、法人或者其他组织的身份证明；

（2）有著作权归属书面合同或者项目任务书的，应当提交合同或者项目任务书；

（3）经原软件著作权人许可，在原有软件上开发的软件，应当提交原著作权人的许可证明；

（4）权利继承人、受让人或者承受人，提交权利继承、受让或者承受的证明。

（三）相关费用

申请软件登记或者办理其他事项，应当缴纳下列费用：

1. 软件著作权登记费；

2. 软件著作权合同登记费；

3. 变更或补充登记费；

4. 登记证书费；

5. 封存保管费；

6. 例外交存费；

7. 查询费；

8. 撤销登记申请费；

9. 其他需交纳的费用。

具体收费标准由国家版权局会同国务院价格主管部门规定并公布。

二、衍生作品纠纷风险

著作权的形式多种多样，一个作品会产生多种衍生的著作权。以文字作品为例，作品的翻译、改编、表演、拍摄影视作品、角色授权等，都可以产生新的著作权，产生新的利益，有的时候还会产生远远高于原作品的利益。如果原作品著作权运用的合作各方在签订著作权授权运用合同时约定不明，在合作过程中就会发生重大利益冲突，影响合作的进行。

该风险应对措施主要是在合作初期就签订比较全面详细的著作权使用条款，将未来可能产生的经济收益途径列举清楚，防止纠纷的产生。

第七章

知识产权风险管理经验

知识产权风险管理的案例随处可见，本章选择中国的华为公司和美国的苹果公司知识产权风险管理经验进行简单地介绍和剖析。

第一节　华为公司专利风险管理

华为公司是中国高科技企业的一杆旗帜，该公司在电信行业迅速崛起的故事在全球都是经典，但一直为知识产权问题困扰，且一度面临严重的知识产权危机。经过多年努力，该公司在知识产权风险管理方面取得了很大成绩。该公司知识产权风险管理的经验和教训对所有中国外向型高科技企业有很大的借鉴意义。

一、风险管理过程

2000年开始，华为公司就把路由器作为自己的主打产品。该公司的产品不但在中国市场阻击美国思科信息公司（以下简称"思科公司"或者"思科"），而且还积极向东南亚、俄罗斯、埃及和南美等地渗透。当然，最让思科不能忍受的是，尽管思科在美国市场筑起了"专利长城"，华为公司还是想将低价的产品推广到大洋的彼岸。华为公司的路由器和交换机产品的成本当时比北电网络公司、朗讯公司和思科公司等竞争对手低20%~40%，如果真的在美国销售，美国相关产品市场会起非常大的变化。更要命的是，华为公司还在美国做了一则特富进攻性的广告，该广告以旧金山的金门大桥、金门二桥为背景，以服务器价格比较为主题，广告语是"它们唯一的不同，就是造价。"美国人都知道，跨越金门湾两岸的金门大桥正是起家于加州的思科公司的标志。面临如此的挑战，思科公司决定对华为公司发动专利战。

2002年6月，华为公司的北美子公司在美国亚特兰大举办的信息技术展会上登台亮相，宣告正式进军美国市场。美国的很多媒体以"中国的电信设备巨人华为"为题加以报道，并对华为公司和思科产品性能极为相似而价格差异巨大以及华为公司"唯一的目标就是在北美市场站稳脚跟"的言论大加评论，同时向思科发出预警。美国媒体在预测思科将对华为公司"动武"时说："有知情人士认为，思科正在考虑对华为公司启用法律手段。"

果然，2002年12月，思科就知识产权侵权一事与华为公司正式交涉。双方高层曾有过几次磋商，华为公司的高层为此事到过美国，思科的高层也到过深圳。但思科的谈判是象征性的，他们的目的就是要告诉华为公司：思科在美国筑起的知识产权城堡是不可攻克和超越的，你们最好知难而退。"它认为你全身上下都是黑的，双方差距太大，根本没法继续谈。"华为公司参加谈判的有关人士说。

至少在2002年年底，华为公司就应该意识到这样的谈判不会有什么结果，诉讼是不可避免的。但没有专利战经验的华为公司还幻想在保留美国市场的基础上达成和解，以至于在收到思科的起诉状时，华为公司的负责人竟然对媒体说诉讼来得太快，出乎自己的预料。其实华为公司早该想到，思科已经不可能再继续容忍这个价格杀手了。

2003年1月22日，思科向美国得州东区马歇尔辖区法院起诉，指控华为公司及其在美国的两家全资子公司侵犯了思科拥有的知识产权。诉讼的开始像是一场生死对决，思科一口气提出了如下指控：华为公司侵犯了思科5项专利、多项软件版权和用户手册的版权，还侵犯了思科的商业秘密、商标权等，请求法院颁布临时和永久禁令，并判令华为公司赔偿损失。证据也浩浩荡荡，罗列了整整86页。而且还有一名华为公司的前雇员出庭做证：华为公司抄袭思科，连瑕疵都一样。

2003年1月24日，华为公司立即作出回应，称自己一贯尊重他人知识产权，并注重保护自己的知识产权。但嘴上虽硬，心中却不能不慌。华为公司当时的策略是边打边撤，尽快停止了涉嫌侵权的路由器在美国市场的销售，停止其他使用同样软件代码的产品销售，减少侵权损害，以期减少可能在未来发生的天价的侵权赔偿额。

思科华为案爆出后，《华尔街日报》立即为此案定调，声称这一诉讼"是考验中国政府是否言行一致，是否执行WTO关于知识产权承诺之决心"的试金石，并煞有介事地指出：思科正在为"是否会影响中国市场而忧心忡忡"。思科总裁钱伯斯也于1月份在公开场合"适时地"称赞中国政府保护知识产权的决心和功绩。这些措施都是为了堵死中国政府可能的干预。

为了不损害其在中国市场的利益，思科也手下留情，在诉讼中留了活结。虽然它口口声声要讨回公道，但却没有为侵权诉讼限定赔偿额度，也不想赶尽杀绝。2003年3月14日，思科通过英国的《金融时报》透露：他们不会对华为公司涉嫌窃取其商业机密研发类似产品进行刑事调查。

十万火急之下，华为公司加快了与3COM的联合。2003年3月，总部设在香港的"华为－3COM公司"初步设立。3COM公司的CEO立即站出来为华为公司做证，指出："3COM公司将在美国用自己的品牌名称来转销'华为-3COM公司'（由华为公司提供）的某些企业级网络交换机和路由器。3COM公司有900多项颁发的美国专利及950多项在美国申请待发的专利。3COM公司以自己的声誉、创新的传统及对知识产权的无比尊重作为对合资公司及我们将以自己品牌销售的产品支持的后盾。在上述提到的事件中，思科正在寻求广泛的初步禁止令，它将禁止华为公司及任何与之合作的实体销售Quidway路由器系列产品、VRP操作系统和/或任何使用VRP操作系统的路由器或交换机。本人相信这样的禁止令将对3COM公司和合资企业造成严重的困境，因为它将禁止销售全系列的产品，而完全没有考虑这些产品是否侵犯了思科的任何知识产权。"

这一戏剧性的合作改变了整个诉讼格局。思科公司的执行副总裁声称，他在听到3COM公司与华为公司结成合作伙伴的消息后三天都说不出话来。很明显，这样一来，思科的主要诉讼对手就不再是对美国专利战没有任何感觉的中国大陆的华为公司，而是美国土生土长的专利战悍将3COM，更重要的是，这个公司有"900多项颁发的美国专利及950多项在美国申请待发的专利"，这些专利中的某些部分很可能正牵绕着思科的神经。

在"华为-3COM公司"正式得到中国政府批准成立后，2003年6月11日，3COM也正式介入诉讼，成为诉讼的第三方，要求法院判决3COM与华为合资生产的产品没有侵权，以保证其与华为公司的新合资公司产品的顺利销售。诉讼成为了三角诉讼：思科诉华为公司侵权，3COM又诉思科，要求法院确认华为公司和3COM不侵权。即使法官在诉讼开始时有偏袒本国企业的倾向，此时也变得无所适从——毕竟3COM也是美国的企业，而且所有美国法官都一直有促进自由竞争的情结，3COM努力的表现也恰恰是对自由竞争机会的维护。

在这种背景下，思科已无意恋战，2003年10月，思科与华为公司达成一个初步协议，同意引入独立第三方进行技术审核，并在完成审核之前中止诉讼，暂停6个月。双方当时发表声明称，作为该协议的一部分，两家公司已就一系列行动达成一致，并预期在全部实施这些行动以及独立专家完成审核程序之后，该诉讼将得以终止。2004年4月6日，思科向美地方法院提交申请，请求法院将该公司同华为公司的专利纠纷审理期限再延长6个月。和解的气氛越来越浓，中外的媒体再也没有人怀疑和解的可能性了。

3个月后，诉讼的三方达成和解协议，并向美国得州东区马歇尔辖区法院提交了终止诉讼的申请，法院据此签发法令，一场惊心动魄的知识产权纠纷终于烟消云散。

就和解协议的内容，思科披露说，华为公司已经同意修改其命令行界面、用户手册、帮助界面和部分源代码，以消除思科公司的疑虑。在此诉讼案宣告完成之前，中立第三方已经审核了该诉讼所涉及的华为公司存在问题的产品，华为公司同意停止销售诉讼中所提及的产品；并且，华为公司也同意在全球范围内只销售经过修改后的新产品，将其相关产品提交给一个中立的第三方专家进行审核。

二、教训总结

这场专利战在中国企业的海外知识产权风险管理中很有代表性，思科公司的目标一是将华为公司的竞争产品赶出美国市场，二是实施FUD战术，向华为公司潜在的消费者灌输恐惧、不稳定以及怀疑情绪，让想购买华为公司产品的客户有所顾虑。华为公司在这场专利风险危机中也欣喜自己虎口脱险，凭借3COM的助力全身而退，但对实质上撤出美国市场也不无遗憾。以下是我们从中得出的经验教训。

知识产权风险管理教训一：在进入新的海外市场前，企业应该作全面的知识产权风险分析，启动相关的知识产权风险预警机制。分析案例可知，华为当时对美国市场的知识产权预警不足，对进入美国市场面临的知识产权风险估计不足，以至于在没有相当的知识产权风险管理能力的前提下，在有关的知识产权纠纷还没有解决时，就大张旗鼓地推广竞争产品，扩大了公司的知识产权风险。

知识产权风险管理教训二：在进入海外市场前，应该对主要竞争企业——知识产权拥有人的知识产权文化作全面的评估，以此确定企业面对的风险度。华为公司显然对思科公司知识产权战略及知识产权文化认识不够。思科公司在与华为进行知识产权诉讼前，一直为美国国内的高科技企业所诉，原因就是知识产权侵权，因此该公司一方面大力进行知识产权储备工作，并通过并购加强知识产权储备，另一方面也在议会的听证会上和法庭上公开抨击有些企业将知识产权作为竞争手段压制其市场扩张，这就给外界一种疏远知识产权的感觉，认为这样的知识产权诉讼受害者不会挥舞知识产权大棒。但事实证明，在面临中国华为这样的完全没有知识产权储备的企业时，思科公司的知识产权文化发生了重大变化，利用其知识产权优势打压竞争对手成为其特征。在利益的诱惑下，很多企业在知识产权问题上都采取"双重标准"，别的专利所有者起诉自己时，就呼吁社会关注，称别的专利所有者是"专利蟑螂"、"知识产权流氓"，但自己利用知识产权打击其他企业的竞争时，就是维护自己的神圣不可侵犯的知识产权。

知识产权风险管理教训三：中国企业必须对自己在海外市场特别是美国市场面临的知识产权风险管理环境有深入的认识。很多发达国家对中国企业的知识产权歧视是会一直存在下去的。中国产品在被认为物美价廉或者价廉质次的同时，也被认为是抄袭和仿造的结果，很多国外企业及个人对利用知识产权打压中国企业是有道德基础的。这就导致中国企业在海外进行知识产权诉讼时面临社会舆论、陪审团甚至法官的知识产权歧视，知识产权诉讼的成本和风险倍增。华为案中，媒体对思科的专利战起了推波助澜的作用，同时对影响美国民众，影响法官和陪审团的厌华情绪起到了非常大的作用，如果任由诉讼进行下去，华为会陷入知识产权危机中难以自拔。

知识产权风险管理教训四：建立基于知识产权的联盟是现阶段中国企业应对海外知识产权风险管理的重要措施。中国企业知识产权基础薄弱，缺乏知识产权储备，并购知识产权需要海量的资金，且知识产权的价值很难评估，所以与海外合作伙伴建立特定形式的知识产权联盟是非常必要的和经济的知识产权风险管理途径。华为与3COM阵前建立知识产权联盟，虽然成本大增，但对华为知识产权危机的解除还是起到了根本的作用。

第二节 苹果公司商标风险管理

一、风险管理过程

美国苹果公司是近年来的电子产品市场宠儿，出品的iPhone和iPad产品在中国拥有数量巨大的用户群。该公司在知识产权领域也卓有建树，申请及并购的专利数以万计，商标布局也是全球展开，规模宏大。在知识产权维权方面，该公司在全球与竞争对手韩国三星电子公司展开了拉锯战，影响深远。但就是这样一家知识产权管理成型的公司，在中国遇到了巨大的知识产权风险，其主打产品iPad面临商标侵权危机，中国市场开拓受阻。苹果的对手是一家濒临倒闭的台资企业：深圳唯冠科技有限公司（以下简称"深圳唯冠"）。

深圳唯冠早在2009年就陷入困境，营业额大幅下滑超过70%。在液晶面板价格大幅下跌的时候，集团持有高价购入的大量存货，构成重大损失。2009年3月，陷入财务泥潭中的深圳唯冠接受了中国银行、民生银行等8家债权银行的框架协议，将资金账户与经营生产置于银行团监控之下，以换取对公司债务重组的支持。

此时，一个自称"乔纳森·哈格里夫斯"（Jonathan Hargreaves）的英国人，向深圳唯冠英国子公司发出邮件，要求收购深圳唯冠所持有的iPad商标。理由是，其所在公司名为"IP申请发展有限公司"（IP Application Development Ltd.，），简称iPadL，同iPad很相似。收购意向很快由英国传回唯冠总部。IP公司的胃口很大，意在收购唯冠在31个国家和地区全部共10个iPad商标（其中欧盟25国为一个，中国大陆注册有两个），其出价却很吝啬。当深圳唯冠表示3万英镑太少时，乔纳森在邮件中表示，实在谈不拢将会提请诉讼撤销这些商标。

其实，在乔纳森发出第一封邮件后的两周内，深圳唯冠已经判定购买商标的实际人是苹果公司。根据双方几年前在欧洲交手的经验，苹果公司财大气粗，可以高价聘请律师在很多地区提出商标未使用的撤销申请。谈判中，IP公司也明确再度发出威胁，深圳唯冠陷入了财务危机，内忧外患，只有考虑转让。4个月间，双方来来往往共发送了80多封邮件。

2009年年底，IP公司将3.5万英镑打入子公司唯冠电子有限公司（以下简称"台湾唯冠"）账户后，深圳唯冠法务部处长麦世宏奉命回到台北，代表台湾唯冠在IP公司起草的整体转让协议及相关商标注册资料上签了字。1个月后，苹果公司在美国举行了iPad产品发布会。2010年4月，IP公司将从深圳唯冠手中取得的全部iPad商标权益悉数转让给了苹果公司。不过，由于IP公司的过失，一个藏在转让协议中的"地雷"，在签约现场数位己方律师的眼皮底下深埋下来。

2010年2月，苹果公司突然发现无法在中国国家工商行政管理总局商标局办理两个内地iPad商标转让手续，因为转让协议的签约方台湾唯冠并非商标所有者，它们属于深圳唯冠。花了钱商标却没到手，苹果公司万万没想到发生了这种情况。它马上同深圳唯冠联系，要求补签协议。苹果公司晚了一步，随着深圳唯冠账务状况的进一步恶化，2010年3月，银行团已将其资产悉数查封，包括两个iPad商标。此次谈判的相当一部分主导权在包括中国银行、民生银行在内的8家债权银行手中，而深圳唯冠尚欠这8家银行4亿美元，以此推测，深圳唯冠方面的底线价位为4亿美元。深圳唯冠负责人表示现在没有1000万美元不可能获得商标，苹果公司的律师大惊失色。

在向深圳唯冠发出律师信要求过户iPad商标遭到拒绝后，苹果公司决定诉诸司法。2010年5月，苹果公司将台湾唯冠、深圳唯冠和杨荣山等一并告到香港高等法院；同月，又向深圳中级人民法院状告深圳唯冠，并同时申请查封iPad商标。

苹果公司分两地提起诉讼是有策略的一套组合拳。香港诉讼是苹果公司布局的重点，一方面源自iPad商标转让协议中曾有"出现纠纷排他性适应香港法律"的约定，另一方面也因为香港法律属英美法系，苹果公司代理律师感到有胜诉把握。而通过在深圳中院的诉讼，苹果公司意图人为将iPad商标置于一个权属争议的处境中，以打开市场操作空间。

市场不等人。距美国上市已过数月，iPad平板电脑也已分别登陆日本和中国香港，却不得不徘徊在中国大陆这个巨大市场的门口。2010年9月17日，在未得到iPad内地商标权的前提下，苹果公司的iPad平板电脑强行登陆内地市场。

形势再次发生变化。眼见苹果公司置侵权事实于不顾，银行团明确表态，全力支持深圳唯冠维权，并在各方参与下确定了由数家律师事务所和咨询机构组成的维权团队，签署了风险代理协议。

2011年3月，深圳唯冠律师团发动了反击。他们向北京市西城区工商局提出商标侵权投诉。6月5日，西城区工商局向苹果公司北京西单直营店发出了金额高达2.48亿元人民币的处罚告知书。苹果公司与深圳唯冠之争更加激烈。

2011年11月，深圳中院作出一审判决，驳回了苹果公司将两个中国大陆iPad商标判归其所有的诉讼请求。深圳唯冠烧起了更猛烈的维权烈火，接连向深圳、惠州、上海三地法院提起侵权诉讼，要求国美、顺电、苹果贸易公司等停止销售iPad系列平板电脑，立即销毁侵权产品标识和包装。其后，全国多地工商部门开始对iPad经销商进行查处，一些电子商务网站也将iPad下架，并暂停销售。深圳唯冠还向海关提出申请，请求查处新iPad的进入。苹果公司雪上加霜，产品进入中国市场因此严重受阻。

2012年2月14日夜，一向奉行"沉默是金"的苹果公司抛出了香港法庭判决书。内文显示，香港主审法官认为深圳唯冠负责人杨荣山及其所掌控的公司都拒绝"履行把中国商标转让给IP公司的承诺，并企图以此作为向苹果索要1000万美元的商机"、"这明显是个试图达成阴谋的严重问题"。

同时，苹果公司向广东省高级人民法院提起上诉。2012年2月29日，广东省高级人民法院公开审理了此案。承办案件的合议庭认为，为使纠纷双方利益最大化，调解是最佳选择。国家工商行政管理总局副局长付双建在中国《知识产权发展状况》新闻发布会上表示："根据中国《商标法》规定，目前深圳唯冠仍然是iPad商标的合法注册人。"对于国家工商行政管理总局负责人的这一表态，外界普遍认为有利于深圳唯冠，也有助于推动双方的和解，可以倒逼在该案中表现傲慢的苹果公司坐回谈判桌前。在广东省高级人民法院的主持下，双方开始接受调解。

深圳唯冠的代理律师表示："我们感受到苹果公司的态度和之前有了明显不同，过去他们虽然口头表示愿意谈判，却没有任何实质动作，但现在他们正和我们坐在谈判桌前，就真正解决问题而磋商。"深圳唯冠的关联公司透露，他们赔偿心理价位在30亿美元以上。有分析人士认为，虽然早日解决商标官司，可以为新款iPad在中国大陆市场上市解除后顾之忧，但30亿美元意味着将占苹果2012年第二个财季中国区贡献收入的38%，这个价格是苹果公司难以接受的。此外，有媒体报道称，目前双方在和解金额上的差距高达10倍之多。

人们对此案的关注，媒体给予极大关注。一段时间里，各方消息争相爆出。或言，深圳唯冠将在中国首届电子书产业高峰论坛上现场拍卖iPad商标；或言，位于深圳宝安区的一家平板电脑制造商正试图与深圳唯冠联系，希望买下iPad商标；或言，属于深圳唯冠的iPad商标已进入转让阶段，欲转让至另一家关联公司……

随着苹果公司产品一浪接一浪的热销而节节高升。众多法律界、知识产权界、商界人士开始将其作为研究中国商标权争议的典型案件。

2012年3月末，苹果CEO蒂姆·库克低调访华。5月末，当媒体报道蒂姆·库克因不明原因自愿放弃7500万美元分红时，联系到一直谈判未决的和解金额，深圳唯冠方面就有了一个初步的估计。最终，这场纠缠了两年多的商标权诉讼以6000万美元的金额落下帷幕，成为我国有史以来赔偿金额最大的一宗商标维权案，双方在香港的诉讼也就此画上句号。此举意味着曾经闹得沸沸扬扬的iPad商标权属纠纷终于尘埃落定，苹果公司新iPad产品进入中国市场的知识产权风险宣告解除。

二、教训总结

1. 商标选择要慎重

苹果公司是一家科技创新型企业，其依托强大的科技力量开发的新产品在市场上广受赞誉，但是它在利用知识产权布局方面却有所欠缺。由于没有提前进行全球专利布局，苹果公司的iPad产品第一代刚刚出现，全球各地即有人注册了iPad从"a"到"z"的全部商标权，苹果公司不得不花费了大量财力物力投入到商标谈判之中，也在一定程度上妨碍了其产品的市场占有度。

2000年左右，深圳唯冠就研发出来一款互联网个人接入设备（Internet Personal Access Device，简称iPad）。也正因为这个产品，深圳唯冠才拥有了在全球诸多国家和地区注册的iPad商标。在这样的商标布局面前，苹果公司还是选择了iPad作为商标，其风险可想而知。幸亏双方谈判时深圳唯冠公司势穷力弱，否则苹果公司将会承担更大的知识产权风险，支付更多知识产权布局成本。

2. 深入了解相关法律规则

跨国交易中由于各国知识产权制度不尽相同，知识产权本身具有复杂性和专业性，因此企业必须提前做好知识产权方面的法律尽职调查。

看IP公司提供的商标转让协议，明确写明是台湾唯冠向IP公司转让商标，而且深圳唯冠也从未授权麦世宏签署商标转让协议，所以深圳唯冠与此协议无关。签约双方根本无资格买卖的两个中国大陆iPad商标，却被当作附件塞进了转让协议，而且双方都签署了。这个看似低级的错误，直接导致苹果公司陷入了产品已公开亮相，才发现商标竟还握在别人手中的难堪境地。

苹果公司认为，2009年公司通过英国IP公司从唯冠方面购买了在欧盟、中国、新加坡等7个国家和地区的10项iPad商标权，但深圳唯冠认为苹果公司当年只是获得了在中国台湾地区的商标权，未曾获得在中国大陆的商标使用许可权。很显然，由于对地区政治的生疏，苹果公司当年与深圳唯冠的谈判确实存在着一个不可原谅的漏洞，这也正是深圳市中院作出支持深圳唯冠的判决的一个重要理由。

中国与欧洲的商标制度有很大的差异。在欧美，商标权属是根据商业实践中的首次使用而定。第一个叫IPHONE的移动电话是思科发明的，所以，苹果公司用尽匿名购买、直接谈判，甚至抢先上市等各种手段，最终与思科达成和解并深入合作。这样做的目的，当然是保护企业的创新热情，让知识成果尽快市场化。而在国内，商标权属遵循的是"注册在先"的原则，商标归首先注册者所有。

规则的不了解导致了苹果公司律师在风险处理中间的拖沓，在中国律师眼里就是"傲慢"，消极对待谈判，导致和解机会一再错过，极大影响了苹果公司的产品市场。

3. 合同签订要认真仔细

苹果公司最大的过错就在于在签订商标转让合同时过分自信，苹果公司在事先知道深圳唯冠是大陆iPad商标的专利持有人的情况下，并未要求其出具授权转让文件，甚至没有对商标所有人的身份进行调查和质疑，导致中国两个相关商标转让的约定无效，商标权属变更失败。

依据《商标法》，商标权转让需转让人和受让人共同到商标局办理申请，申请被商标局核准、公告之后，才算真正完成。

4. 证据保管和提供要严密合法

苹果公司与深圳唯冠的专利权之争，相信大家再清楚不过了。在繁杂的诉讼证据中，不知大家有没有注意到这样一个细节，那就是2月份美国科技网站AllThingD曝光的苹果公司与深圳唯冠关于此事的一封电子邮件，邮件的内容大概是这样的：深圳唯冠在转让iPad商标时，明确表示将中国大陆iPad商标权进行转让。但在深圳市中级人民法院判决中，该邮件证据无效。理由是，署名的员工无法与深圳唯冠的某位自然人相对应，同时苹果公司也无法证明该员工具有合法获得处置深圳唯冠iPad商标权的权利，所以不能证明其成立。

由此可见，邮件发件人身份和信息内容安全成为使这封邮件沦为无效证据的主要原因。